河南省高校哲学社会科学创新团队（2022-CXTD-02）
河南省高校科技创新团队（22IRTSTHN008）

农户行为视域下河南省蔬菜种植效益评价及模式优化研究

Benefits Evaluation and Mode Optimization of Vegetable Plantion in Henan Province from Perspective of Farmer Behavior

樊良新　韩天　李影斌◎著

中国经济出版社
CHINA ECONOMIC PUBLISHING HOUSE
·北京·

图书在版编目（CIP）数据

农户行为视域下河南省蔬菜种植效益评价及模式优化研究／樊良新，韩天，李影斌著．-- 北京：中国经济出版社，2023.12

ISBN 978-7-5136-7546-8

Ⅰ．①农… Ⅱ．①樊… ②韩… ③李… Ⅲ．①蔬菜产业-研究-中国 Ⅳ．①F326.12

中国国家版本馆 CIP 数据核字（2023）第 217386 号

责任编辑 杨元丽
责任印制 马小宾
封面设计 任燕飞设计

出版发行 中国经济出版社
印 刷 者 北京富泰印刷有限责任公司
经 销 者 各地新华书店
开　　本 710mm×1000mm　1/16
印　　张 14
字　　数 193 千字
版　　次 2023 年 12 月第 1 版
印　　次 2023 年 12 月第 1 次
定　　价 69.00 元
广告经营许可证 京西工商广字第 8179 号

中国经济出版社 **网址** www.economyph.com **社址** 北京市东城区安定门外大街 58 号 **邮编** 100011
本版图书如存在印装质量问题，请与本社销售中心联系调换（联系电话：010-57512564）

前言

随着全球经济的发展和人民生活水平的提高，老龄化已成为当今世界面临的普遍问题。中国作为人口大国，拥有着世界上 1/4 的老年人口，农村老龄化人口数量和发展速度远高于城市。农村老年人作为中国农业的重要劳动力和农业文化传承的重要代表，他们的生活状况和健康状况直接关系到农村社会的稳定和发展，因此提高农民生活水平是我国惠农政策的重点；而均衡、健康的饮食结构则是提高农村地区老年人生活水平的关键。在农村老年人的饮食生活中，生活型庭院菜地作为其家庭的主要蔬菜来源，扮演着重要角色。随着经济的发展和城市化进程的推进，农村庭院菜地的规模和种植方式也发生了一系列变化。同时，庭院菜地的管理和投入也直接影响着农村老年人的生活质量和健康状况。因此，深入研究庭院菜地在农村家庭生活饮食中的地位与功能，对提升农村居民生活质量及保障老年人群健康具有重要意义。

与此同时，城郊经济型大棚蔬菜种植作为一种常见的蔬菜生产模式，凭借其高效、节约、可控等优点，引起了广泛的关注和研究。同时，由于在农业现代化、农民增收等方面具有重要的作用，城郊大棚蔬菜产业也成为国家和地方政府的重点推动对象。在大棚蔬菜经营过程中，菜农的社会经济特征势必会给蔬菜种植工作带来影响，且不同蔬菜轮作模式的种植效益也存在差异，探讨城郊经济型大棚蔬菜种植效益的驱动因子、优化不同蔬菜轮作模式的生产投入，对提高农村居民生活水平、提升城郊经济型蔬菜产能具有重要意义。

为此本书聚焦于农村家庭生活型庭院菜地与城郊经济型大棚蔬菜两大群体的蔬菜种植开展研究，以河南省平原地区和山地地区7个县（市）农村老年家庭和城郊经济型大棚蔬菜种植户为研究对象，通过调查与访谈，分析了蔬菜种植现状、投入、动机与障碍，揭示了影响庭院菜地种植的驱动因素，分析了当地大棚蔬菜种植环境效益以及能值投入与产出要素，评价与优化了大棚蔬菜的种植模式，并在此基础上对当前蔬菜种植功能与效益提升提出了对策。

本书共分十一章，具体内容如下：

第1章：研究背景与理论基础。阐述了选题的背景与意义，分析了国内外庭院菜地种植与作用研究进展，综述了大棚蔬菜种植效益、评价以及能值分析研究方法，概述了本书主要研究内容。第2章：资料收集与处理。简要介绍了研究区域概况、研究样本区的选择、问卷设计与资料收集，以及本书主要研究方法。第3章、第4章、第5章和第6章：针对老年庭院菜地种植特征，研究了庭院菜地功能与价值，庭院菜地种植的现状、管理与投入、动机与障碍，以及影响菜地种植面积和种植多样性的驱动因素。第7章、第8章、第9章和第10章：针对城郊经济型大棚蔬菜种植特征，研究了大棚蔬菜种植投入与产出、种植障碍，分析了大棚蔬菜种植效益与影响因素，优化了城郊大棚蔬菜轮作模式。第11章：河南省农村蔬菜种植发展对策与建议。在对前述章节研究的基础上，分别从家庭分散式菜地的作用与经济社会功能提升，以及大棚蔬菜环境效益优化与产业化等角度提出对策与建议。

本书由河南理工大学的樊良新、韩天和李影斌共同撰写。其中，第1章、第2章、第11章由樊良新执笔，第3章、第4章、第5章、第6章由韩天执笔，第7章、第8章、第9章、第10章由李影斌执笔，附录由韩天、李影斌执笔，全书内容由樊良新统稿。

本书得到河南省高校哲学社会科学创新团队——城乡融合发展与生

态安全（2022-CXTD-02）资助。目前国内有关庭院菜地种植和大棚蔬菜环境效益的研究较少，诸多问题有待深入研究和探讨，由于著者的水平有限，书中的疏漏之处在所难免，恳请同行和读者不吝赐教。

樊良新

河南理工大学

2023 年 4 月

目 录

1 研究背景与理论基础

1.1 研究背景和意义

1.1.1 农村生活型庭院菜地

新鲜蔬菜是人体所需多种微量元素的重要来源，在日常饮食中，新鲜蔬菜的食用比例是影响居民身体健康的重要因素。农村地区交通落后，往往距离蔬菜市场较远，老年人作为农村弱势和留守群体，具有收入少、生活水平低的特点，因此对蔬菜的购买意愿较低。一般农村居民每月到附近的集市购买蔬菜仅数次。农村居民有在庭院菜地种植的习惯，主要以满足自身饮食的需求和减少生活开支为目的，同时还能为子女的家庭日常饮食提供蔬菜。

庭院菜地作为一种小规模蔬菜生产系统，具有劳动力需求低、经济投入少的特点，分别对应老年人劳动能力差、经济收入低的缺点。作为农村地区老年人蔬菜饮食的重要来源，庭院菜地为老年人提供了一个低成本、便捷、高效的蔬菜来源。庭院菜地种植只需要投入少量的资金购买蔬菜种子、化肥等生产资料，再加上一定的劳动投入，就可以满足基本的日常饮食需求。一些中老年人将多出的蔬菜用于出售，还可获得额外的收入。通过庭院菜地种植，农村地区的老年人以自给自足的方式解决蔬菜饮食问题，不再是负担、包袱的代名词，而是可以为家庭继续做贡献的一员。庭院菜地不仅是农村老年人的重要蔬菜来源，还为低收入家庭创造了一种低成本的生活方式。研究表明，农村老年人在选择食物时受经济条件影响较大。庭院菜地在提供食物的基础上，解决了农村老年人购买蔬菜时面临的价格制约问题，提高了老年人蔬菜饮食的多样性，在减轻农村老年人经济负担的同时保障了其饮食需求和营养摄入。因此，研究农村庭院菜地对保障农村老年人的饮食、提升老年人的生活水平具有重要的现实意义。

庭院菜地作为农村家庭蔬菜饮食的重要来源，在供给稳定性方面还存在一些不足与障碍。例如，种植条件落后、种植多样性下降、产量不稳定、种植面积减少等因素共同构成了庭院菜地种植的障碍，从而威胁到农村家庭的蔬菜供给。因此，本书通过对庭院菜地的调查，研究菜地种植障碍、菜地种植面积和种植多样性的驱动因素，分析农村居民生活与庭院菜地的供求关系，探究庭院菜地的驱动因素，并提出庭院菜地的发展对策，提升庭院菜地的功能，不仅可以改善菜荒时期菜地种植的多样性，提高蔬菜产量，减少家庭生活成本支出，而且对农村居民及中老年群体的日常饮食、经济状况、健康水平及精神慰藉具有重要意义。

1.1.2 城郊经济型大棚蔬菜种植

随着生活水平的不断提升，追求高品质的农产品生产已经成为全球农业发展的主流。为了满足市场需求，大棚蔬菜产业在我国城市周边地区飞速发展。相较于传统的露天种植，大棚蔬菜在生产效率和环境控制方面具有明显优势，能够为市场提供更加新鲜、优质、安全的蔬菜产品。同时，大棚蔬菜产业也为当地提供了就业机会，促进了经济发展，因此受到了广泛的关注和认可。

随着蔬菜种植规模的不断扩大以及种植农户数量的不断增加，大棚蔬菜生产面临的问题也逐渐凸显。首先，大部分菜农建起的蔬菜塑料大棚规模小、发展水平低，无法充分利用光照资源，且整体效益难以提高。其次，农民的大棚建设存在分散和管理不善的问题，导致缺乏具备一定市场供应能力的特色品种。最后，大棚蔬菜的发展还存在技术引进困难、推广和普及不足的问题。部分菜农尽管建起蔬菜大棚，但由于缺乏专业的管理技术，在生产中常常陷入高投入低产出的困境，从而降低了他们的种植意愿。这些问题最终导致大棚蔬菜产业的整体生产效率未实现明显提升，种植效益相对偏低。因此，如何提高大棚蔬菜的生产效率，促进农民增收，是当前河南省大棚蔬菜种植户普遍面临的难题。作为蔬菜产业的重要组成部分，大棚蔬菜的种植效益尚不明确，其投入产出结构和生产效率仍有提升空间，需要进一步探索和优化。因此，为了更好地发挥大棚蔬菜这一农业系统的生产潜能和提高菜农家庭的生活质量，揭示大棚蔬菜的种植效益，构建更高效、更具环境亲和力的大棚蔬菜种植模式尤为重要。

河南是我国的农业大省之一，其耕地面积居全国第一位，农业生产总值也居全国前列。蔬菜是河南省的主要农产品之一，也是仅次于粮食作物的第二大农作物。近年来，河南省在部分地区建起了大规模蔬菜种植基地和蔬菜批发市场，致力于提高蔬菜产业的发展水平，蔬菜产业已成为河南省农业经济的重要支柱产业之一。然而，河南省大棚蔬菜的生产仍呈现分散经营的特征，产能和生产规模较小，生产能力不足以满足市场需求；生产过程中存在资源浪费、劳动力利用率低等问题，导致生产成本较高、产品质量不稳定。河南省的蔬菜产业亟待实现转型升级，推进农业供给侧结构性改革，提高蔬菜生产的规模化、标准化和集约化水平。此外，河南省蔬菜的品质不佳成为制约其品牌效应提升的重要因素之一。蔬菜种植户的种植技术匮乏，农药、化肥的不合理使用，使得蔬菜品质下降，甚至存在安全隐患。因此，重视蔬菜产业的发展潜能，提升城郊大棚蔬菜生产的种植效益，以农户微观视角构建更绿色、更高效的大棚蔬菜种植模式，是推动河南省蔬菜产业可持续发展的重要途径。

1.2 相关概念的界定

1.2.1 农村居民

本书涉及样本均来自农村居民，这里的农村居民是指在农村地区长期稳定居住的群体。样本中不包含城中村或者面临拆迁的农村居民。

1.2.2 老年家庭

家庭被定义为在一起生活的一组人，他们住在同一所房子或院落中，拥有相同的家务安排，并作为一个单位共同生活。基于本书研究内容，为了确保调查数据的可靠性和样本人口的稳定性，本书中的老年家庭被定义为家庭成员每年在家庭居住超过 8 个月，老年人口（60 岁以上人口）比例在半数以上的家庭。

1.2.3 庭院菜地

庭院菜地是指家庭成员自发种植以家庭食用为主要目的的小规模蔬菜生产系统，一般在庭院附近、村庄周围，距离家庭几米到几百米不等。庭院菜地根据季节的不同以及种植种类的不同，每天向家庭提供一定数量的蔬菜，满足家庭的基本饮食需求。

1.2.4 大棚蔬菜

大棚蔬菜是指在覆盖塑料薄膜的大棚里所种植出来的蔬菜，可人为控制蔬菜上市季节。在覆盖塑料薄膜的大棚里种植蔬菜，就是人为地创造适宜的生态环境，调整蔬菜生产季节，调节市场需求，促进蔬菜优质高产，是增加农民收入的有效手段之一。

1.3 国内外相关研究进展

1.3.1 农村生活型庭院菜地功能

庭院菜地对于劳动力减少的家庭在家庭食品和营养安全方面起着重要作用。国外对蔬菜在低收入以及劳动力减少的家庭中的作用已有初步研究，主要侧重营养健康和经济收益两大方面，我国目前尚无相关研究。关于庭院菜地对家庭成员营养健康的作用研究，Gautam（2008）在一项尼泊尔基层调查中发现庭院菜地为居民提供了 60%的水果和蔬菜。Marsh（1998）观察到孟加拉国来自庭院菜地的水果和蔬菜超过了居民饮食需求的 50%。Talukder（2000）调查了 300 户尼泊尔低收入家庭的水果、蔬菜和鸡蛋的消费状况，结果显示，超过 95%的家庭，他们自己消费的蔬菜和鸡蛋均来源于庭院菜地。由此可见，庭院菜地对居民的饮食生活起着十分重要的作用。

关于庭院菜地在经济收益方面的影响研究，部分学者从经济学角度分析了庭院菜地对低收入家庭的实际作用。Jaarsveld 等（2007）的研究表明，来自家庭花园的过剩农产品和经济作物可以产生现金收入来购买额外的食物，而宅基地饲养的家禽和小型家畜可提供肉类和收入。Rrctpr Magnificus（2014）在越南北部红河三角洲地区设计和测试了持续性庭院菜地种植系统（RRD），以增加农民收入和改善适于植物生长的土壤条件。研究发现，与传统的系统相比，持续性庭院菜地种植系统提高了农民的收入。Blisard 等（2004）从经济学角度对水果和蔬菜的消费进行了分析，采用两组数据分别对高收入家庭和低收入家庭购买蔬菜的数量进行了分析，结果表明，高收入家庭的水果和蔬菜的收入弹性较高，低收入家庭则相反。具体来说，高收入家庭随着收入的增加，对水果和蔬菜的消费也相应增加；相反，低收入家庭随着收入的增加，水果和蔬菜的消费并未增加。

此外，一些学者强调了庭院菜地在应对劳动限制和加强营养保障方面的重要性（Garí，2003；Keatinge and Amoaten，2006；Bukusubaet et al.，2007；Murphy，2008）。Susana（2012）针对庭院菜地对非洲艾滋病家庭艾滋病患者的健康影响研究，阐述了庭院菜地如何为低收入和欠缺劳动力的家庭提供食物以及减轻家庭的经济负担。Jayne 等（2004）对乌干达市有关艾滋病农户的饮食结构进行了调查，阐述了庭院菜地如何为农户提供水果和蔬菜，如豆类和多叶蔬菜，并强调家庭食品的数量和质量的减少会导致家庭成员营养不良，这种营养不良状况增加了感染艾滋病病毒的概率。

综上所述，国外对于庭院菜地的作用已有大量研究，众多研究都证实了庭院菜地对劳动力减少、低收入的家庭以及患有传染性疾病的贫困家庭均具有显著影响。然而，国内对此方面的研究有所欠缺，庭院菜地作为我国农村地区居民的重要蔬菜来源，与居民的饮食状况和生活方式息息相关，因此应加强庭院菜地种植的影响因素与提高家庭收入方面等相关研究，充分发挥庭院菜地对农村家庭生活的作用，进而为改善农村居民饮食生活问题提出建议。

1.3.2 生活型庭院菜地对老龄人群的作用

人口老龄化是指某一总体中老年人口的比重逐渐增加的过程。20 世纪 70 年代，老龄化趋势开始在全球范围内出现，目前，中国、印度、美国已经成为老龄人口最多的国家。2016 年世界卫生组织发布的《中国老龄化与健康国家评估报告》对未来中国的老年人口规模做出判断：“在以后的 25 年里，中国 60 岁及以上的老年人在全人口中的比例预计将从 2010 年的 12.4%（1.68 亿）增长到 2040 年的 28%（4.02 亿）。”童玉芬等（2014）认为未来我国城乡人口老龄化程度呈不断上升趋势，我国农村老年人口比重始终高于城镇，且农村和城市老年人口的比重的差距呈现由扩大到缩小的趋势。

饮食与营养是人类赖以生存的物质基础，饮食结构对于老年人的身体健康尤为重要。对于老年人的饮食结构国内已有大量研究，例如，刘弘（2007）通过对上海市老年人的饮食行为调查，发现60.3%的人存在不良的饮食行为；颜芳（2017）通过对昆明市老年人饮食情况进行调查，发现蔬菜每日平均摄入不足率为47.36%，并且随着年龄递增，蔬菜摄入不足率显著增高。由此可见，我国老年人饮食习惯与膳食结构不合理，蔬菜的摄入量明显不足。国内学者陈双双（2016）对2008年全国老年人口健康状况调查问卷数据资料进行了分析，结果表明，在饮食结构中，新鲜蔬菜对老年人身体健康的积极影响最大。由于城乡公共医疗卫生体系、收入水平等诸多差异的影响，农村个体和城市个体的营养和健康状况存在较大差异。乔丹（2016）通过对保定农村地区老年人的饮食与健康状况研究，发现农村老年人饮食行为中“经常食用水果蔬菜”比例最高；通过分析影响因素发现，经常食用水果蔬菜可提高农村老年人精神、心理健康水平。吴德清等（2001）针对老年人口健康状况，采取调查问卷的方式进行了深入分析，研究发现，新鲜蔬菜对高龄老年人健康状况的影响显著。国外对饮食状况的研究主要集中在饮食行为对健康的影响方面，Villareal 和 Green（2005）认为饮食习惯对老年人的健康长寿有着重要影响。Elisabeth 等（2006）的研究发现，饮食不安全会对老年人的其他活动能力造成影响。关于老年人饮食调整的建议，罗伯特·拉塞尔等为70岁以上的美国人制定了一套饮食金字塔指南，从下到上依次为水、谷物、水果蔬菜和奶类、肉类制品。

随着城市化进程的不断推进，农村地区青壮劳力大量流失，使得农村地区的老龄化问题更为严峻。由于农村地区经济基础薄弱、居民收入水平低，留守老年人饮食健康问题成为农村问题的关键。然而，关于农村老年人的饮食健康问题尚未引起有效关注。蔬菜作为饮食结构的重要组成部分，对老年人的营养摄入具有重要作用。农村老年人种植庭院菜地的主要目的是保障家庭蔬菜供应。庭院菜地作为农村老年人群的主要蔬菜来源，在提供食物的同时减轻了老年人的经济负担。作为农村老年人生活中的重要组成部分，庭院菜地在种植过程中还存在一些问题与障碍。因此，为解决农村老年人的蔬菜饮食健康问题，研究庭院菜地的种植行为显得尤为重要。

1.3.3 大棚蔬菜种植效益

近年来，随着人口的不断增长和城市化进程的不断推进，蔬菜作为重要的营养来源，其需求量也呈现持续增长的趋势。大棚蔬菜作为一种高效、可控、可持续的种植方式逐渐受到人们的青睐，其种植效益已成为国内外学者广泛研究的热点。房风文（2012）等采用随机抽样调查方法，对山东省寿光市的大棚蔬菜生产情况进行了深入研究。结果表明，大棚蔬菜生产需要高额资本投入，涉及建设、农资、机械等方面，这一现象主要由生产方式的转变、专业化分工以及技术条件的提高所致。李中明（2011）对北京市郊区的日光温室和塑料大棚的经济效益进行了综合调查，并分析了不同的种植季节对效益的影响。调查结果表明，食用菌、花卉和草莓的投入产出比高于蔬菜和甜瓜，日光温室的平均效益高于塑料大棚。因此，建议在大棚种植中优化作物种植结构，提升作物的产量和品质，并拓宽销售渠道以提高经济效益。张琳等（2022）使用 DEA 模型分析冀中南地区的生产效率和全要素生产率。结果表明，该地区的大棚蔬菜生产为高投入—高产出模式，全要素生产率的负增长主要归因于河北省中南部设施蔬菜生产技术进步的负面影响。陈宏伟等（2020）通过问卷调查和家庭访谈相结合的方式，对北京市蔬菜生产特点进行了调查分析。结果表明，该市蔬菜生产规模普遍较小，主要种植模式为塑料大棚和温室。此外，蔬菜种植者对其灌溉设施的可靠性非常满意，而塑料薄膜覆盖、托盘育苗和高温温室等技术的采用率相对较高。张霞等（2013）调查了山西省部分区域大棚蔬菜生产的投入与产出情况，分析了投入结构、生产效率及各资源投入与蔬菜产出之间的关系。结果表明，肥料投入比例大、要素投入增加均会促进产出增加，但随着投入的增加，产出增加幅度减小。杨瀚驰（2019）对武汉市近郊蔬菜种植的投入和产出效益进行了分析，并探讨了影响城市近郊蔬菜生产费用投入和效益的因素。结果显示，武汉市近郊蔬菜种植的投入产出效率整体较高，但存在较多无效年份，蔬菜生产投入和产出效率不稳定，需要进一步优化蔬菜种植的结构设置以及生产投入的科学合理配置，以提高近郊蔬菜的生产效益。

大棚蔬菜的种植效益受到多种因素的综合影响，包括但不限于农户的技术能力、管理水平、资金投入、品种选择、种植管理模式、肥料和农药使用。其中，农户的技术能力以及大棚蔬菜的种植管理模式是影响大棚蔬菜种植效益的主要因素。农户技术能力的提升和科学种植管理模式的运用，能够显著提高大棚蔬菜的种植效益。张琳（2022）采用实证分析和模型建立方法研究了绿色生产技术采纳决策的影响因素，并探究了其对大棚蔬菜种植效益的影响。结果表明，农户的个体特征在绿色生产技术采纳决策中具有显著影响，而应用绿色生产技术能够显著提高农户的收益水平。卢文曦等（2011）对温室番茄栽培进行了实地调查，并应用 Cobb-Douglas 生产函数分析了影响温室番茄栽培效率的因素。结果表明，提高温室番茄栽培效率的关键因素是农民的管理水平，政府应高度重视提升大棚种植户的技术水平，因为各项投入因素已经接近或超过最大边际效用值，故而提高大棚管理水平并合理配置投入资源，是提升农户投资回报的关键所在。周颖等（2014）比较了“菜/果菌”循环农业模式与传统温室大棚种植模式的经济效益，结果显示，基于连体温室大棚的循环农业模式比传统大棚种植模式更具经济效益，同时提高了劳动生产率。因此，在我国北方推广连体温室的种植模式是具有潜力的，它能够为蔬菜生产开创一种新的方式。冯献等（2017）对北京市郊区县大棚蔬菜的生产效率与农户节水行为进行了评价。结果表明，节水技术可以显著提高大棚蔬菜的投入产出效率，黄瓜、茄子等蔬菜品种仍存在节水提升潜力。张瑞涛等（2016）对河北省大棚蔬菜的生产效率进行了测算，结果显示，在河北省，大棚蔬菜种植的全要素生产率（TFP）高于露地蔬菜种植，而技术进步是设施蔬菜TFP增长的主要原因。然而，技术的成熟度不足也对河北省蔬菜产业的TFP增长产生了一定的阻碍。

1.3.4 大棚蔬菜种植效益评价方法

在农业经济学领域，国内学者对于传统农业系统效益的评价方法进行了广泛的探讨，这些研究成果为农业系统效益评价打下了理论基础并提供了实践支持。一些学者采用多种方法对其他农业系统的生产效益和可持续发展能力进行了评价，例如，神经网络理论、物元模型理论、熵值评价法、数据包络分析法（DEA）、典型抽样法、农业绩效法等，从不同角度对我国各地区的农业生态系统效益进行了评价。国内学者对农业评价指标进行了深入研究，并通过多种方法对不同地区的农业生态系统效益进行了评价。农业可持续性指标能够反映、测度、预警和指导农业生态系统的状态、结构、功能和发展，是对复杂的农业生态系统的一种简化。关于指标的选取，国外的研究较多，提出了生产力稳定性、持续性、适应能力和弹性等指标，认为农业生态可持续发展更多要依靠生态学原理。国外农业在进行效益评价时对农业的经济、社会、可持续发展能力都给予了充分的重视，并且更加注重探索替代方法和策略，而不是过分关注模型的应用。此外，研究人员也更加重视分析各指标之间的交互作用。然而，上述评价方法中没有反映自然环境资源对农业生产活动的贡献，而是更倾向于突出人类偏好的价值视角，可能会造成错误估计与重复计算等问题，缺少农业活动中自然资源的价值。对大棚蔬菜生产系统的经济效益、可持续发展能力进行研究，是未来农业效益评价工作需要关注的领域。因此，在农业效益评价指标的选取中，应该更加充分地考虑自然环境资源对农业生产活动的贡献，以更加准确地评估农业生态系统的效益。

1.3.5 大棚蔬菜能值分析研究

美国著名生态学家 Odum（1988）于 20 世纪 80 年代创立了能值分析理论，用能值这一生态学概念及其转化单位——能值转换率，将不同类别的物质转换为统一的能值，对各生态经济系统进行定量分析研究。90 年代，能值分析理论由蓝盛芳（2002）引入中国。能值分析法对农业生态系统的应用范围十分广泛，在空间尺度上大到全球、国家、省域，小到城市、县域，甚至对企业都有很好的适用性。

在国外对能值分析法的应用中，更注重结合社会调查的方法对小规模的农业生态系统进行评价，在评估农业系统效益的同时关注农业系统的生产细节对生产效益的影响。例如，Asgharipour 等（2020）使用能值法对伊朗的温室蔬菜农业系统的可持续性进行了评估，选取黄瓜、番茄、甜椒和茄子生产系统，结合层次分析法对各个能值指标进行了分析，并对生产者的社会特征进行了研究。结果表明，黄瓜生产系统的可持续性强于其他 3 个系统，黄瓜植株的生理特性使其能够吸收更多的自然资源，具有更高的生产潜力。另外，Lewandowska-Czarnecka 等（2019）对波兰中北部的两个农场进行了研究，评估波兰加入欧盟对农业在能源效率和环境可持续性方面的影响。结果表明，尽管农业生产的总能值投入价值相似，但加入欧盟后农场表现出更高的产量和能源效率。这些研究表明，影响大棚蔬菜或小型农业系统的生产潜力与能源效率的驱动因素可能来源于蔬菜的生理特性、社会经济条件等多方面，需要综合考虑。

在中国，学者们更倾向于从宏观角度使用能值分析来评估区域农业系统的整体效率，他们通常根据官方统计数据来分析某地区农业系统的综合效率。在能值理论和方法的研究方面，中国学者陆宏芳等（2002）对能值评价指标体系进行了分类和简化，并提出了新的指标——EISD，该指标同时考虑了环境影响和经济效益，以评估评价系统的可持续发展能力。在小型农业系统的微观研究方面，一些中国学者通过对农业企业的调查进行了实证分析。周海川（2012）利用能值分析法调查了湖北省武汉银河生态有限公司的循环农业。研究发现，“猪—沼肥—地—菜—鱼—村”“六位一体”的循环农业模式在各项能值指标上都明显优于未实施循环农业的水稻、小麦、油菜、棉花、蔬菜、柑橘、猪和鱼的农业系统。这表明不同的生产结构和模式可能在生态表现和经济效率方面存在差异，更多样化的生产结构在能值指标的基础上表现得更好。在企业微观角度应用能值分析法方面，王小龙等（2015）通过情景分析发现，相比一般的蔬菜生产模式，无公害生产方式更具优势。如果采用收集降雨灌溉、使用沼气发电用于生产、标准化管理降低人力投入等措施，能值利用效率可提高 3.4%~10.8%，可持续性可提高 1.2%~31.7%。与大棚蔬菜相比，无公害蔬菜设施在种植过程中的物质与能量投入强度更高，其效益表现与大棚蔬菜不同。总体来说，国内外在能值分析理论和应用研究方面已经相当成熟，并取得了许多研究成果。虽然能值分析法在农业领域的应用已经相当成熟，但仍存在一些缺陷。由于农业系统的复杂性和多样性，不同农业系统之间可能存在差异，因此研究结论可能具有局限性，针对不同类型的农业生产活动需要单独构建能值分析框架。

1.4 研究内容

1.4.1 庭院菜地对农村老年人饮食与生活的影响

通过分析河南省农村家庭的蔬菜饮食来源、菜地菜荒及应对策略以及庭院菜地对老年人生活质量的提升，揭示庭院菜地在农村老年家庭饮食生活中的作用，同时探明菜荒时菜地供给不足的问题。

1.4.2 庭院菜地的现状、管理与投入、动机与障碍研究

在明确庭院菜地作用的基础上，首先，通过比较平原地区和山地地区庭院菜地的种植、管理及投入的差异，分析不同地区农村居民的种植行为；其次，对比不同地区庭院菜地的种植动机与障碍；最后，根据以上分析总结出平原地区和山地地区庭院菜地的种植特点。

1.4.3 菜地种植面积和菜地种植多样性的驱动因素研究

为了解决菜荒时菜地多样性低的“质”的问题和蔬菜供应量不足的“量”的问题，本书基于不同地区菜地种植的特点，进一步分析菜地种植面积的驱动因素，为解决庭院菜地供应量不足的问题打下基础；通过分析菜地种植多样性的驱动因素，为解决菜荒时期蔬菜供应种类少的问题提供依据。

1.4.4 城郊大棚蔬菜种植特征分析

通过对研究区域家庭社会经济条件和大棚蔬菜种植情况的走访调查，研究：①分析大棚蔬菜菜农家庭的社会经济特征（包括菜农年龄、性别、身体素质、家庭经济收入、家庭抚养比、农业生产知识水平、受教育水平等）；②介绍城郊大棚蔬菜种植的基本信息与生产状况（包括大棚蔬菜种植面积、大棚蔬菜的投入情况、大棚蔬菜的种植障碍、大棚距离的位置分布、大棚的管理方式等）。

1.4.5 城郊大棚蔬菜种植效益评价

基于上述研究对城郊大棚蔬菜种植特征的掌握，依据大棚蔬菜生产系统的投入产出结果，研究：①城郊大棚蔬菜种植的能值投入与产出；②通过对大棚蔬菜种植生产过程中所耗资源和产出的能量进行综合考量和比较，评估大棚蔬菜的能值投入产出情况，以确定其在经济效益、资源利用效率和环境可持续性等方面的表现。

1.4.6 城郊大棚蔬菜种植效益驱动分析

基于城郊大棚蔬菜种植效益的评价结果，结合城郊菜农的社会经济特征与大棚蔬菜的种植特征，研究：①大棚蔬菜经济效益的驱动因素；②大棚蔬菜能值可持续发展指标的驱动因素。

1.4.7 城郊大棚蔬菜种植模式的优化

选取研究区域内大棚蔬菜具有代表性的蔬菜轮作模式进行优化。依据不同蔬菜轮作模式的能值投入和产出数据，定量分析各投入要素和能值产出之间的关系，为不同轮作模式的能值投入要素的优化配置提供有效依据，为提升不同蔬菜轮作模式的经济效益与可持续发展能力提出相应的优化措施。

1.4.8 河南省蔬菜种植发展对策与建议

针对不同地区庭院菜地种植与蔬菜供应的“质”与“量”的问题提出解决措施；结合不同地区庭院菜地的种植障碍提出相应的对策与建议。通过解决菜地供应存在的缺陷和种植障碍，提高庭院菜地的作用，保障农村居民的饮食健康。同时，针对大棚蔬菜种植，从菜农技术培训、资源投入结构优化、政府扶持与制度保障、种植品种规划与产业集群建设以及农业保险等方面提出了大棚蔬菜种植效益的提升策略。

2 资料收集与处理

2.1 河南省概况

河南省地处我国中东部，黄河中下游，介于北纬 31°23′~36°22′、东经 110°21′~116°39′之间，总面积为 16.7 万平方千米。地理位置特殊，全省北、西、南三面被太行山、伏牛山、桐柏山、大别山沿省界呈现出半环形环绕，形成了西部山地、中东部平原、西南部盆地的整体格局。河南省地势由西部、西北逐渐向东部递减，气候条件适宜，光热条件好，无霜期较长，四季分明且光照充足，地形地貌丰富多样，适宜多种蔬菜作物的种植，其中平原盆地和山地丘陵面积占总面积的 55.7%和 44.3%，为蔬菜种植与发展提供了有利条件。然而，全省多年平均水资源量不足，每年约 403.53 亿立方米，人均水资源量约 370 立方米，水资源的严重缺乏对蔬菜的种植和生产造成了不利影响。截至 2022 年底，河南省常住人口 9872 万人，其中城镇常住人口 5633 万人，乡村人口 4239 万人，城镇化率为 57.07%。常住人口中 60 岁及以上人口 1862 万人，占比 18.8%。农村地区老年人口的增加，严重影响社会经济的发展，因此数量庞大的老年群体的蔬菜供给与健康饮食问题是值得关注和研究的议题。

2.2 农村生活型庭院菜地研究区

本书根据河南省的地区特征，选取农村人口较多的两个平原地区（焦作市武陟县、周口市扶沟县）和地势起伏较大且人口相对较多的两个山地地区（三门峡市渑池县、洛阳市嵩县）作为研究区域，对河南省不同地区特征的家庭及菜地的种植展开讨论和分析。

2.2.1 平原地区

关于平原地区的研究，本书选取焦作市武陟县、周口市扶沟县这两个平原农业县作为代表。该地区的主要特点是地势平坦，可耕地数量较多，水资源丰富，可利用土地面积较大，人口密集，经济发展水平较高，市场环境较好。

2.2.1.1 武陟县

武陟县位于河南省西北部，北依太行山，南临黄河，与省会郑州隔河相望。属暖温带大陆性季风气候，年平均气温 14.4 摄氏度，年降水量 575.1 毫米，无霜期 211 天。武陟县地处黄河中下游，过境河流共计 15 条，主要排水河道 6 条，分属黄河、海河两大水系，境内地下水非常丰富，水位稳定，水质良好，适宜居民饮用和工业用水。武陟县县域面积 805 平方千米，总人口 74 万人，耕地面积 473 平方千米，农村居民人均纯收入达到 1.2 万元。对于武陟县的调查，笔者先后走访了位于武陟县西南部的西陶乡、大虹桥乡、北郭乡、大丰乡。调查区域整体经济状况较优，农业设施及农村建设较为完善，各乡镇之间道路通畅，村内水泥路面较多，新建房屋较多，村庄整体面貌较好。该地区总体市场环境较优，农贸商店较多。其中，北郭乡的西唐郭村最为富裕，村内拥有大型超市和日用品商店，农户购买物品较为方便。所调查村庄青壮年劳动力外出务工人员较多，也有部分本地务工者，少部分人经营商店。农业生产以粮食为主，少部分农户种植大棚蔬菜。

2.2.1.2 扶沟县

扶沟县地处豫东平原，昔日黄泛区腹地，位于省会郑州东南方、周口市西北隅。属暖温带大陆性季风气候，年平均气温 14.4 摄氏度，年降水量 611.4 毫米，无霜期 215 天。扶沟县县域面积 1163 平方千米，拥有 16 个乡镇、1 个产业集聚区、411 个行政村，总人口 73 万人，耕地面积 753 平方千米。扶沟县是一个平原农业县，也是全国商品粮基地县、全国优质棉生产基地县、全国无公害蔬菜生产基地县、中国蔬菜之乡。通过对扶沟县汴岗镇、韭园乡、柴岗乡的实地走访调查，发现扶沟县整体农业水平较高，耕地地块较大，其中韭园乡和柴岗乡以粮食生产为主，汴岗镇有部分农户种植大棚蔬菜。样本区域的老年人生活水平一般，村庄较为密集，农用商铺较为普遍，生产资料购买方便。其中部分村庄正在进行房屋道路修建，对老年人的庭院菜地种植有直接影响，许多老年人不得不缩减菜地种植面积。扶沟县样本区域总体农业生产能力优于武陟县样本区域，但城镇化建设相对滞后。

2.2.2 山地地区

关于山地地区的研究，本书选取三门峡市渑池县、洛阳市嵩县这两个县作为代表。山地地区的主要特点是地势不均，可耕地数量相对较少，水资源利用不便，可利用土地少，人口分散，经济发展水平滞后，市场环境较差。

2.2.2.1 渑池县

渑池县地处中纬度内陆区，属暖温带季风气候，是河南省重要的能源、冶金、建材基地，2017 年地区生产总值 270.3 亿元，全县东西宽 43.5 千米，南北长 52.8 千米，总人口 35.89 万人，其中农业人口 26.67 万人，占总人口的74.3%，是典型的农业县。全县辖5个镇、7个乡，辖区土地总面积1421平方千米，耕地面积340平方千米，60%以上的耕地是坡耕地和低产田；林业用地面积635平方千米，森林覆盖率为28%，林木覆盖率为34.6%。渑池县复杂的地形与小气候适于多种作物生长，如粮食作物（小麦、玉米、谷子、红薯、豆类）、经济作物（油料、棉花、烟叶、蔬菜瓜果等）。通过对渑池县果园乡、城关镇、仰韶镇、洪阳镇、仁村镇的实地走访调查，发现调查地区内水资源分布不均，且贫富差距较大。其中果园乡经济水平最低，居民用水情况较差，耕地及庭院菜地的用水受水资源影响较大。仰韶镇和洪阳镇附近工厂较多，当地城镇化发展情况相对较好。渑池县整体城乡贫富差距较大，水资源供给空间差异较大，总体用水困难。

2.2.2.2 嵩县

嵩县地处伏牛山北麓及其支脉外方山和熊耳山之间，因处于嵩山起脉而得名，属北亚热带向暖温带过渡气候，四季分明，光照充足，雨量适中，常年平均降水量600毫米，年平均蒸发量1598毫米，出现干旱年份的频率为50%。嵩县辖16个乡（镇）、318个行政村，总面积3009平方千米，耕地面积318平方千米，为河南省第四大版图县，其中深山区占95%，浅山丘陵区占4.5%，平川区占0.5%。嵩县境内有汝河、白河、伊河3条河流及其696条支流贯穿其间，3700多条沟壑纵横交错，还有国家大型水利工程——陆浑水库，水产资源丰富。2012年，全县总人口60万人，农业人口49万人，全县人口密度每平方千米196人。全年生产总值133亿元，城镇居民人均可支配收入15760元、农民人均纯收入5847元。通过对嵩县地区纸房乡、黄庄乡、德亭镇的实地走访调查，发现嵩县地区交通受山地地形影响较大，山地地区内居民生活水平较低，水资源难以利用；山谷的村庄用水方便，但坡上村庄用水困难，导致坡上居民生活用水及农业用水极为不便，许多地方依靠雨水灌溉。嵩县样本调查地区总体居民生活水平较低，农业生产能力较弱，菜地种植情况较差，水资源利用条件有待提升。

2.3 城郊经济型大棚蔬菜研究区

根据河南省的地区特征和蔬菜生产情况，自西向东选取河南省中部北纬34°~35°两个平原区（中牟县与商丘市）和地势起伏较大的山区（登封市）作为研究区域，对河南省不同地形特征的大棚蔬菜生产区域展开讨论和分析。

2.3.1 平原地区

2.3.1.1 中牟县

中牟县位于河南省中部偏东，隶属郑州市，总面积1416平方千米。属典型的中纬度暖温带大陆性季风气候，气候温和，四季分明，雨热同期。年平均日照2366小时，年平均气温14.2摄氏度。中牟县土地肥沃，气候宜人，水资源丰富，农业发展潜力大。目前耕地面积约102万亩，蔬菜种植面积年均保持在40万亩以上，产量80余万吨，蔬菜种植面积占全市种植面积的45%，每年持续实现蔬菜的有效供给。东西距开封、郑州各30千米，交通便利，为中牟县大棚蔬菜的发展打下了坚实的基础。

2.3.1.2 商丘市

商丘市位于河南省东部，地处黄淮海平原腹地，总面积10704平方千米。属暖温带半湿润大陆性季风气候，年均气温13.9~14.3摄氏度，年日照2200~2500小时，无霜期平均212天，年均降水量693.8毫米，四季分明，光照充足，气候温和。商丘市属黄河冲积平原，地势平坦，由西北向东南微有倾斜。商丘地区总面积10704平方千米，其中平原面积约10623平方千米，占该市总面积的99.24%，耕地面积1000多万亩。商丘市全年蔬菜播种面积19.3万公顷，总产量810.6万吨。其中，各类温室大棚

21.9万座，面积2.2万公顷，产量137.48吨。蔬菜产业逐步向适宜地区和优势区域集聚。

2.3.2 山地地区

登封市位于河南省中部偏西，东北临省会郑州，西北靠古都洛阳，总面积1220平方千米。属北温带大陆性季风气候，气候温和，四季分明，温差大，常年干旱少雨。多年平均气温14.3摄氏度，年平均日照2297小时，平均降水量604.5毫米。登封市地形复杂，地貌多样。截至2021年末，登封市常住人口73.22万人。2021年，登封市新增时令鲜果、露地蔬菜种植面积3200亩，规模化果蔬生产基地32个，新建蔬菜大棚800座，认证无公害农产品基地15个、无公害农产品20个，绿色食品基地9个、绿色食品13个，登封市“三品一标”认证总面积22.6万亩，全力打造郑州地区重要的绿色“菜篮子”供应基地。

2.4 问卷设计与资料收集

2.4.1 生活型庭院菜地资料收集

2.4.1.1 问卷设计

问卷内容主要包括以下部分（见图2-1）：

第一部分：各月菜地菜荒程度。该部分1—12月，每月按照不同程度（1=弱，2=较弱，3=一般，4=较强，5=强）填写。

第二部分：老年人针对菜荒时期的应对措施。该部分列举两个问题，第一个是增加购买，第二个是减少食用。

第三部分：庭院菜地的作用。该部分有保障蔬菜饮食、活动身体、提升个人价值、丰富生活、维护邻里关系5个问题。

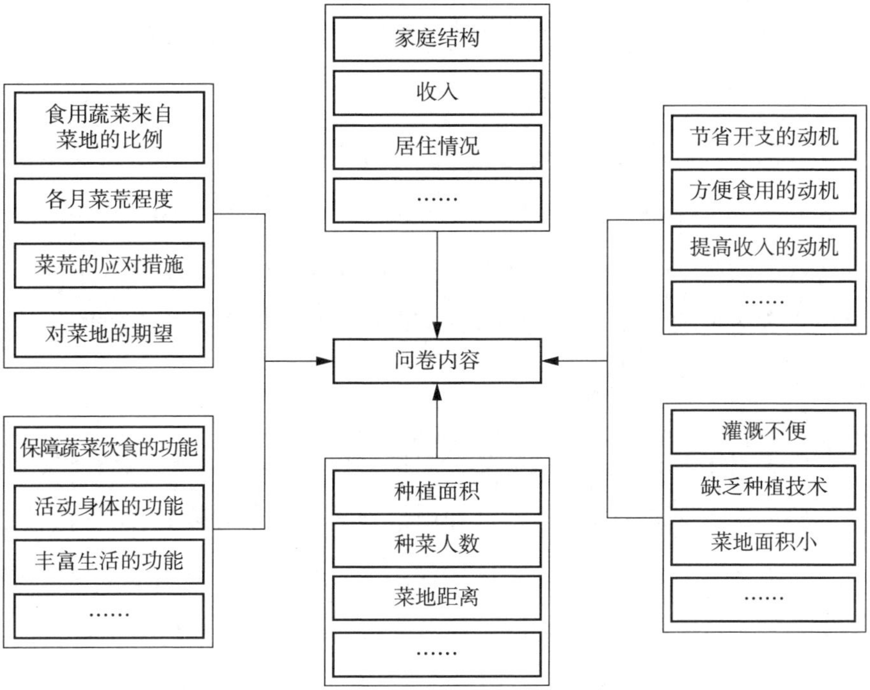

图 2-1　庭院菜地问卷设计结构图

第四部分：老年人种植庭院菜地的动机。该部分有节省开支、提高收入、方便食用、安全健康、利用闲置土地、蔬菜饮食的重要性 6 个问题。

第五部分：老年人种植庭院菜地的障碍。该部分有种植资料购买不便、种植资料价格过高、灌溉不便、菜地距离远、菜地面积小、劳动时间长、劳动强度高、缺乏种植技术、缺乏技术指导和房屋、道路建设占用菜地 10 个问题。

第六部分：老年人的期望。该部分的问题有增加购买地点、降低生产资料价格、讲解种植知识、给予技术指导、完善灌溉系统、合理规划菜地、提供销售平台。

第七部分：庭院菜地种植情况。该部分主要为了记录受访人庭院种植面积、种菜人数、菜地距离、种菜人年龄、菜地存在年数、菜地投入、劳动强度、是否拥有围栏、主要灌溉方式、化肥使用情况、菜地种植多样性。

第八部分：各月食用蔬菜来自菜地的比例。该部分 1—12 月，按照每月百分比填写数字。

第九部分：受访人及家庭情况。该部分主要是为了了解受访老年人情况（包括性别、年龄）、受访老年人家庭特征（包括户主性别、年龄、是否和子女共同居住、实际居住人口、老年人口数量）、家庭收入主要来源和家庭近 3 年平均年收入。这些信息为相关影响因素分析提供依据。

2.4.1.2 资料收集

问卷调查区域有焦作市武陟县、周口市扶沟县和三门峡市渑池县、洛阳市嵩县。调查区域分为平原地区和山地地区，其中武陟县和扶沟县为平原地区，渑池县和嵩县为山地地区。在走访过程中，研究小组主要针对有庭院菜地的农村老年人进行访问。样本分布为平原地区 145 份（武陟县 64 份，扶沟县 81 份），山地地区 152 份（渑池县 77 份，嵩县 75 份）（见表 2-1、图 2-2）。

表 2-1 样本分布

<table>
<tr><th colspan="3">研究区域</th><th>份数</th><th>占比/%</th></tr>
<tr><td rowspan="10">平原地区</td><td rowspan="5">武陟县</td><td>西陶乡</td><td>10.00</td><td>3.37</td></tr>
<tr><td>大虹桥乡</td><td>8.00</td><td>2.69</td></tr>
<tr><td>北郭乡</td><td>24.00</td><td>8.08</td></tr>
<tr><td>大丰乡</td><td>22.00</td><td>7.41</td></tr>
<tr><td>小计</td><td>64.00</td><td>21.55</td></tr>
<tr><td rowspan="4">扶沟县</td><td>汴岗镇</td><td>53.00</td><td>17.85</td></tr>
<tr><td>韭园乡</td><td>13.00</td><td>4.38</td></tr>
<tr><td>柴岗乡</td><td>15.00</td><td>5.05</td></tr>
<tr><td>小计</td><td>81.00</td><td>27.28</td></tr>
<tr><td colspan="2">合计</td><td>145.00</td><td>48.83</td></tr>
</table>

续表

研究区域			份数	占比/%
山地区	渑池县	果园乡	19.00	6.40
		城关镇	17.00	5.72
		仰韶镇	10.00	3.37
		洪阳镇	13.00	4.38
		仁村镇	18.00	6.06
		小计	77.00	25.93
	嵩县	纸房乡	25.00	8.42
		黄庄乡	32.00	10.77
		德亭镇	18.00	6.06
		小计	75.00	25.25
	合计		152.00	51.18
整体	总计		297.00	100.00

图 2-2 庭院菜地种植调查

2.4.2 城郊经济型大棚蔬菜数据收集

2.4.2.1 问卷设计

问卷涉及菜农个体特征的有 5 个问题：受访人年龄、性别、身体素质、从事农业活动年限、受教育程度。涉及菜农家庭特征的有 3 个问题：家庭人口数、家庭抚养比（被扶养人口/家庭实际居住人口，被扶养人口的标准为年龄大于60岁或小于15岁)、家庭年均收入。涉及大棚种植特征的有4个问题：大棚面积、大棚经济投入、大棚劳作强度、大棚到城镇距离。大棚投入与产出主要包含4个方面：各类资源投入量、蔬菜种类、蔬菜种植与收获时间、各类蔬菜产量（见图2-3和图2-4）。

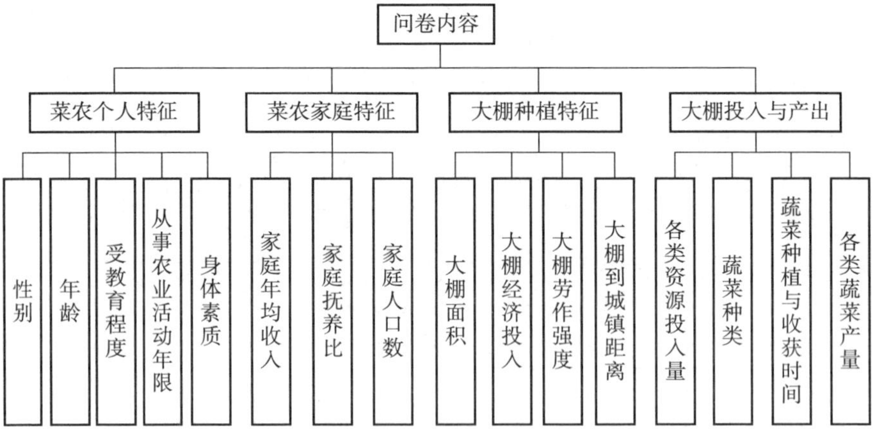

图2-3　大棚蔬菜问卷设计结构

图2-4　河南省城郊大棚蔬菜

2.4.2.2　问卷发放与回收

在进行调查前，帮助参与本次调查的调查员熟悉问卷的内容。在开始调查之前，调查员需要向菜农详细解释各个问题的含义，以避免因菜农对问题不理解而导致数据不准确。这样做的目的是确保研究结果的准确性。

获得调查对象的同意后，再开始调查。在调查过程中，调查员应避免使用具有诱导性或暗示性的语言。现场共发放问卷420份，回收405份，有效回收率达96.43%。调查结束后，由调查员及时对问卷内容进行核对以及信息补充，并将数据录入Excel表格中统一处理。

2.5 研究方法

2.5.1 问卷调查

本书通过调查问卷与农户访谈的方式收集菜农家庭的社会经济特征与大棚蔬菜种植情况信息。问卷调查是一种量化研究方法，通过为受访人提供一系列问题，并要求受访人进行标准化的回答来收集和分析数据。问卷调查通常通过面对面、电话、网络、邮寄等方式进行。它具有高效、标准化、定量化、信息覆盖面广、容易处理和分析等特点，被广泛应用于社会科学、市场研究、医学、教育、政治、心理学等领域的数据收集和分析。

2.5.2 主成分分析

主成分分析法（PCA）是将多个变量划为少数几个综合指标的一种降维处理技术，即用较少的综合指标代替原来较多的变量指标，使这些综合指标既能尽量多地反映信息，又彼此独立。为消除数据量纲的影响，首先要对原始数据进行标准化处理，其次借助SPSS软件进行主成分分析，提取主成分和计算因子变量的负载值，给予因子解释，最后进行得分计算。主成分得分计算方法如下：

$$Z_i = \sum_{i=1}^{n} \frac{X_{ij} L_{ij}}{\sqrt{\lambda_i}} \tag{2-1}$$

式（2-1）中，Z_i 为第 i 个主成分的得分，X_{ij}为 i 项第 j 个指标的标准化数据，L_{ij}为第 i 个主成分上第 j 个指标相应的载荷值，λ_i 为第 i 个主成分对应的特征根，n 为指标数。

2.5.3 线性回归分析

在主成分分析的基础上，本书运用 SPSS 建立多元线性回归方程进一步分析影响菜地面积和菜地种植多样性的因素。多元线性回归方程的建立如下：

$$Y=\beta+\beta_1X_1+\beta_2X_2+\beta_3X_3+\beta_4X_4+\beta_5X_5+\beta_6X_6+\beta \qquad (2-2)$$

式（2-2）中，Y 可以理解为自变量 X_1，X_2，…，X_6 的线性函数，它表示菜地面积和菜地种植多样性；β_1，β_2，…，β_6 为偏回归系数，即在其他变量保持不变时，X_j 增加或减少一个单位时 Y 的平均变化量，它表示影响菜地面积和菜地种植多样性的相关因素；β 为去除 6 个自变量对 Y 影响后的随机误差项（残差）。

2.5.4 通径分析

通径分析是一种对多个自变量和因变量之间的线性关系进行分析的方法，它是多元线性回归分析的一种扩展。通径分析可以处理更加复杂的变量关系，并将相关系数进一步分解，从而分离出特定解释变量与被解释变量之间的直接作用效果，并通过其他解释变量来表明对解释变量产生的间接影响及总体影响。

2.5.5 能值分析

本书选择能够兼顾社会经济价值与可持续发展能力的能值分析法作为大棚蔬菜种植效益的评价方法。

能值分析的第一步是确定大棚蔬菜农业系统的系统边界，绘制能量系统图（见图 2-5）。能量系统图包括各能流之间的相互作用和流动方向，可用于分析系统各能量流与自然生态环境之间的关系。

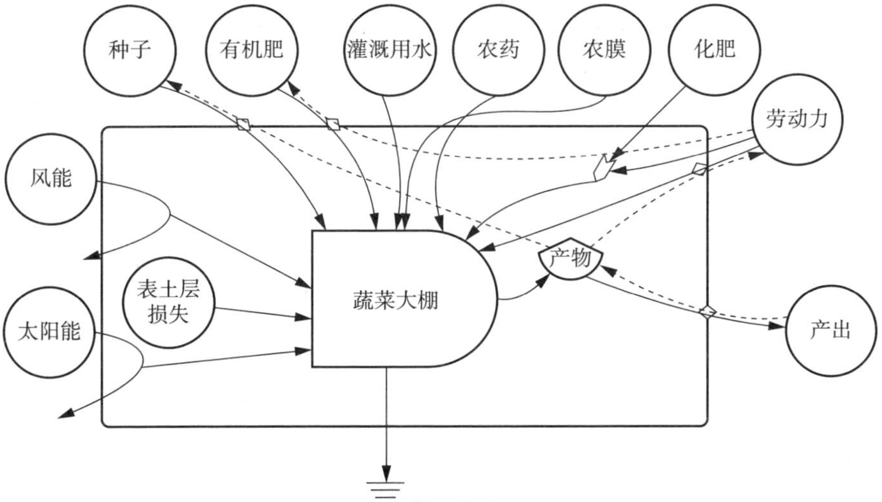

图 2-5 城郊经济型大棚蔬菜能量系统图

能值分析的第二步是构建能值分析表，计算系统中各种投入资源的能量流。大棚蔬菜生产究其本质是人类有目的地利用和改造自然的过程，因而大棚蔬菜生产具有自然生态系统和经济系统的双重特征。因此，根据能值分析理论，结合河南省大棚蔬菜生产系统的特征，将系统中各项资源投入分为4类：可更新环境资源（R）、不可更新环境资源（N）、可更新辅助性资源（R_1）、不可更新辅助性资源（F）。在获得各类资源的投入产出原始数据后，依据能量折算系数与能值转换率计算为太阳能值（见表 2-2、表 2-3）。

表 2-2 能量折算系数和能值转换率

项目	能量折算系数	单位	能值转换率	单位
太阳能	—	—	1	sej/J
风能	—	—	1. 90E+03	sej/J
表土层损失	—	—	7. 94E+04	sej/J
化肥	—	—	2. 8E+09	sej/g
农药	—	—	2. 06E+09	sej/g

续表

项目	能量折算系数	单位	能值转换率	单位
农膜	—	—	4. 83E+08	sej/g
灌溉用水	—	—	8. 99E+10	sej/t
有机肥	3. 89E+09	J/t	2. 7E+04	sej/J
劳动力	2. 11E+09	J/人	4. 83E+05	sej/J
种子	1. 60E+10	J/t	8. 38E+04	sej/J
薯类	1. 30E+10	J/t	3. 43E+04	sej/J
蔬菜	2. 50E+09	J/t	3. 43E+04	sej/J

注：能量折算系数参考骆世明、闻大中等的研究，能值转换率参考 Odum、蓝盛芳等的研究。

表 2-3　能值计算公式及含义

项目	表达式	公式	含义
能值转换率	UEV	—	运用能值转换率可将生态系统内流动和储存的各种不同类别的能量转化为统一标准的能值
太阳能	SE	$SE=A\times S\alpha\times UEV$	SE 为太阳能值，单位：sej/a；A 为大棚蔬菜所在地区平均辐射，单位：J/m²/a；$S\alpha$ 为大棚蔬菜面积，单位：m²
风能	WE	$WE=S\alpha\times h\times\rho\times\gamma\times S_w\times UEV$	$S\alpha$ 为大棚蔬菜面积，单位：m²；h 为高度，单位：m，ρ 为风的密度，单位：g/m³；γ 为涡流扩散系数，单位：m²/s；S_w 为风速，单位 m/s
表土层损失	SO	$SO=\mu_2\times\mu_3\times\mu_4\times S\alpha\times UEV$	SO 为表土层损失，单位：sej/a；μ_2 为土壤侵蚀率，单位：t/m²/a；μ_3 为单位质量土壤有机质含量，单位：g/t；μ_4 为有机质能量，单位：J/g；$S\alpha$ 为大棚蔬菜面积，单位：m²
各类资源	E_R	$E_R=UEV\times Q\times\sigma$	E_R 为各类资源能值，单位：sej/a；Q 为实物量，单位：t；σ 为能量折算系数，单位：J/t
可更新环境资源	R	—	包含太阳能、风能

续表

项目	表达式	公式	含义
不可更新环境资源	N	—	包含表土层损失
可更新辅助性资源	R_1	—	包含劳动力、种子、灌溉用水、有机肥
不可更新辅助性资源	F	—	包含化肥、农药、农膜
总能值投入	T	$T=R+N+R_1+F$	系统中所有能值投入总和
总能值产出	Y	—	系统中所有能值产出总和
能值投资率	EIR	$EIR=\frac{R_1+F}{R+N}$	衡量经济发展程度的指标，能值投资率越高，系统的经济发展程度越高
净能值产出率	EYR	$EYR=\frac{Y}{R_1+F}$	反映了系统的整体生产效率。EYR 越高，系统的资源利用效率越高
环境负载率	ELR	$ELR=\frac{N+F}{R+R_1}$	用于评价系统生产对环境造成的压力
能值可持续发展指数	ESI	$ESI=\frac{EYR}{ELR}$	一个评估系统可持续性的综合指数
能值—货币价值	$EmRMB$	$EmRMB=\frac{Y}{EMR}$	指能值相当的市场货币价值，Y 为总能值产出，EMR 为能值—货币比率

能值分析的第三步是选择能值评价指标。能值评价指标包括能值投资率（EIR）、净能值产出率（EYR）、环境负载率（ELR）、能值可持续发展指数（ESI）、能值—货币价值（$EmRMB$）等。EIR 是衡量经济发展与环境承载的一项指标，EIR 值越高则说明大棚蔬菜经济发展程度越高，其值越低则说明大棚蔬菜系统对环境的依赖性越强。EYR 是大棚蔬菜生产效率的一种度量，它表示产出能值与投入能值之比，EYR 值越高则代表大棚蔬菜的资源利用效率越高、生产竞争力越好。ELR 用来评价在大棚蔬菜系统运作过程中所在区域承受的环境压力，ELR 值越高则代表大棚蔬菜生产过程中投入的社会资源与不可更新的环境资源越多，对环境的压力越大，反之则表示大棚蔬菜发展潜力较大，应加大对大棚蔬菜的辅助性能值投入；但若 ELR 值长期处于较高水平，会对生态环境造成破坏，影响其原有的生产

功能。*ESI* 是评价大棚蔬菜可持续性的综合性指标，计算方式为系统净能值产出率与环境负载率之比，根据美国生态学家 Brown 和意大利生态学家 Ulgiati 提出的 *ESI* 值量化标准，*ESI* 值<1 为发达国家水平，表示系统中不可更新的社会经济投入占比较高；1<*ESI* 值<10 为发展中国家水平，说明大棚蔬菜发展潜力较好，系统可持续发展能力和潜力较大。*EmRMB* 是指生态系统或生态经济系统物质和能量的能值折算成货币价值的一种指标。它代表了生态系统或生态经济系统的宏观经济价值，即其价值相当于多少货币。

3 老年人的饮食与庭院菜地功能

3.1 老年人及家庭特征

问卷涉及老年人特征的有 3 个问题：受访人性别、受访人年龄、受访人是否和子女共同居住。涉及老年人家庭特征的有 4 个问题：家庭实际居住人口数、家庭 60 岁以上居住人口数、家庭收入主要来源、家庭近 3 年平均年收入。其中，家庭实际居住人口数指常年在家生活的人数，外出务工的人口实际生活主要在外地，故不计入样本统计范围；家庭 60 岁及以上人口数代表家庭中老年人口数量。

3.1.1 受访人特征

根据受访人特征（见图 3-1），平原地区样本的女性比例较高，男性比例较低，武陟县与扶沟县女性受访人比例均超过了 60%；山地地区的样本男女比例接近，其中渑池县男性受访人占比略高于女性，而嵩县男性受访人占比略低于女性。这可能是因为平原地区的交通更为便利，男性外出务工的现象较为普遍，导致平原地区留守的女性较多，男性较少。从年龄结构来看，4 个县受访人年龄主要集中在 60～65 岁，占比分别为 42%、56%、55%、61%；而 66～70 岁、71 岁及以上的老年人占比均较小。据调查，65 岁以上的老年人的行动和交谈能力都明显下降，为避免问卷的真实性受到受访人年龄的影响，故选取 65 岁以上老年人的样本较少。关于居住情况，扶沟县、渑池县和嵩县不和子女共同居住的老年家庭占多数，占比分别为 73%、58%、67%，武陟县和子女共同居住的比例则达到了 69%。造成这种差异的主要原因可能是武陟县农村地区相对富裕，多数居民拥有新建的房屋，居住面积较大，具备与老年人共同居住的物质条件。

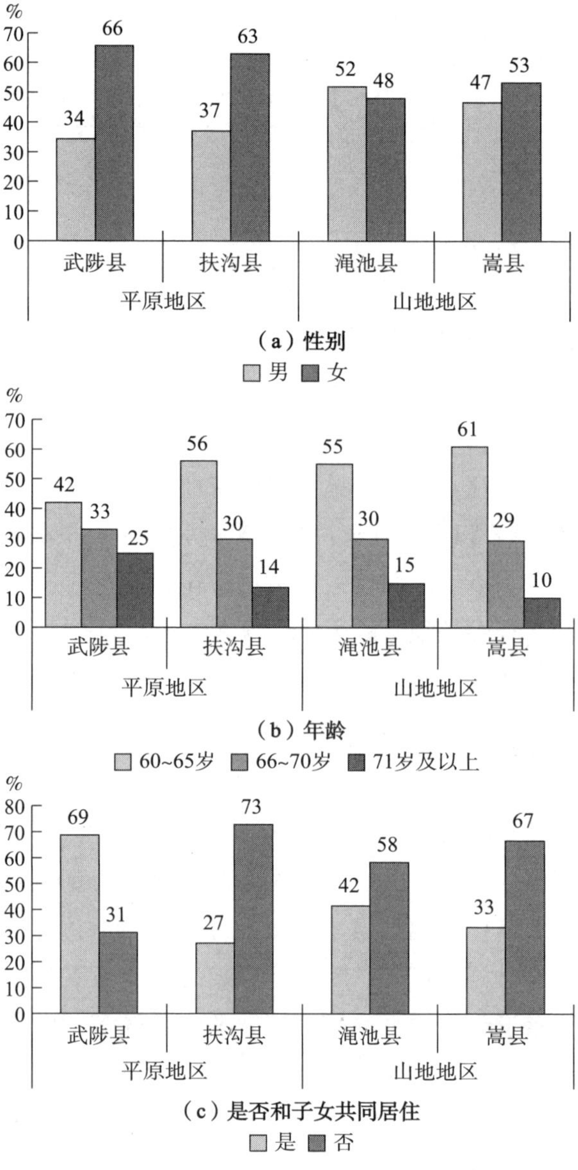

图 3-1　受访人特征

总体来看，受访老年人的年龄主要集中在60~65岁，且女性居多，男性较少；老年人与子女分开生活的情况占比较大，表明多数老年人具备独立生活的能力。

3.1.2 老年家庭特征

从家庭实际居住人口数来看（见图3-2），调查地区家庭实际居住人口为2人的最多，其在武陟县、扶沟县、渑池县、嵩县4个县的占比分别为47%、54%、45%和63%；实际居住人口为3人的次之，在4个县的占比分别为38%、22%、8%与13%；家庭实际居住人口在3人及以上的占比相对较少，值得注意的是，扶沟县家庭实际居住人口为4人的占比达到了14%，渑池家庭实际居住人口数为5人及以上的占比达到了25%。实际居住人口为1人的比例最少，除渑池县为13%以外，其他受访县的占比均低于10%。从家庭中老年人口数来看，有2位老年人的家庭比例最高，其在武陟县、扶沟县、渑池县、嵩县4个县的占比分别为75%、79%、73%和80%；有1位60岁以上老人的家庭较少，在4个县的占比为20%~25%；有3位老年人的家庭最少，武陟县、扶沟县、渑池县3个县的占比分别为2%、1%、2%。根据调查走访，实际居住人口为2人的老年家庭多由老年夫妻组成，生活上互相照顾。实际居住人口为3~4人的家庭多由老年夫妻和留守儿童组成，这类家庭除日常劳作外，还需要照顾留守儿童，生活负担较重。实际居住人口为5人及以上的家庭较少，一般是老年人和子女共同居住，生活负担较轻。实际居住人口为1人的家庭占比最少，通常是孤寡老人，生活条件较差且缺乏照料。

总体来看，大多数农村老年家庭由老年夫妻组成，家庭实际人口数为2人；家庭实际居住人口数为1人和5人及以上的占比最低。

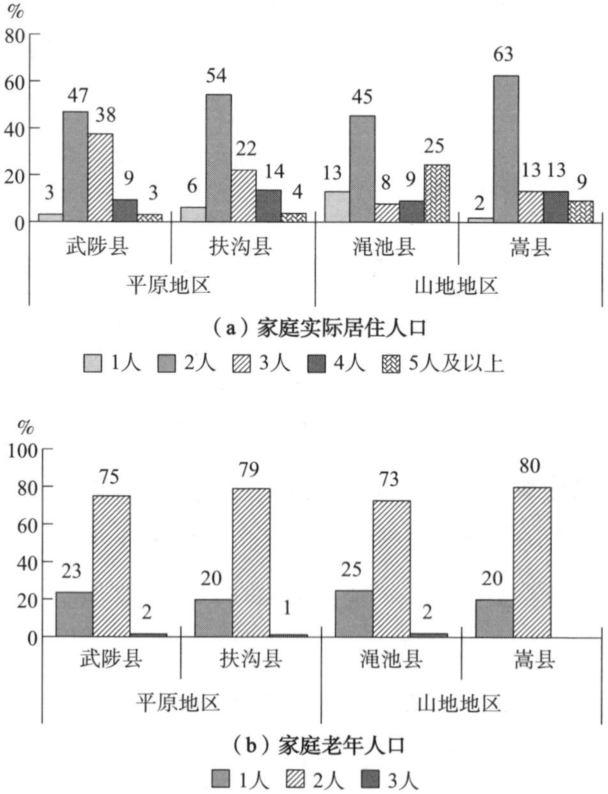

图 3-2　老年家庭的人口特征

从家庭收入主要来源来看（见图 3-3），以农业收入为主的家庭最多，武陟县、扶沟县、渑池县和嵩县 4 个县的占比分别为 47%、53%、58% 和 65%，其中山地地区以农业收入为家庭收入主要来源的比例高于平原地区；相较于农业收入，4 个县其他类型的收入占比较低。以嵩县为例，除最低生活保障金占家庭收入的比重达到 11% 外，其他类型收入的占比均低于 10%。值得注意的是，武陟县的养老金占农村家庭收入来源的比重高于其他县，达到了 42%。这可能是由于武陟县农村家庭的整体经济水平优于其他 3 个县，缴纳养老金的老年人人数较多。从家庭年均收入来看，各县农村家庭近 3 年平均年收入主要集中在 1 万元以下，在武陟县、扶沟县、渑池县、嵩县 4 个县的占比分别达到了 84%、86%、82%、88%。这表明受访的农村老年家庭整体收入水平偏低，生活水平有待进一步提高。从各地区的家庭收入水平的差异来看，平原地区农村老年家庭近3年平均年收入主要集中在0.3万~0.6万元，而山地地区农村老年家庭的近3年平均年收入主要集中在0.3万元以下，表明平原地区的老年家庭收入情况优于山地地区。结合家庭收入主要来源来看，自然地理条件对农村地区经济来源与收入水平的影响较为显著。此外，扶沟县老年人收入在0.3万~0.6万元的比例明显高于其他3个县，据调查，扶沟县老年人出售蔬菜的情况相较于其他3个县更为普遍，这可能是扶沟县老年人收入水平整体偏高的主要原因。

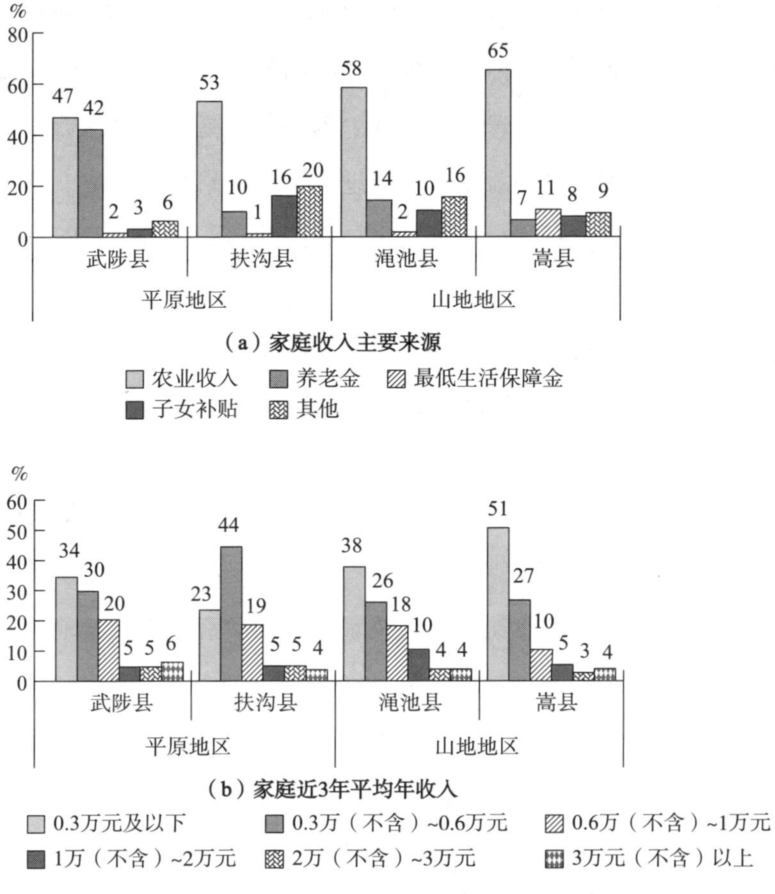

图 3-3 老年家庭的经济特征

总体来看，农村老年家庭收入来源较为单一，以农业收入为主，且整体收入水平偏低。平原地区收入主要集中在0.3万~0.6万元，山地地区主要集中在0.3万元以下，平原地区老年家庭的经济状况稍好。

3.2 老年家庭的饮食状况

3.2.1 蔬菜饮食的来源

农村老年人蔬菜饮食主要通过购买和种植获得。根据走访调查了解，农村老年人的经济条件对其消费心理有很大的影响，老年人在购买蔬菜时会自觉考虑蔬菜的价格，有选择性地减少购买价格高的蔬菜的数量。除购买以外，农村老年家庭食用蔬菜主要通过种植庭院菜地来获取。本节通过统计样本地区老年家庭每月食用蔬菜来自庭院菜地的比例，反映庭院菜地在老年人蔬菜饮食中的作用与地位。

图3-4为4个县受访老年家庭每月食用蔬菜来自菜地的情况。从整体趋势来看，一年中1—4月食用蔬菜来自庭院菜地的比例较低，5—10月逐渐升高，并在7月或8月达到峰值，11—12月食用蔬菜来自庭院菜地的比重不断降低。结合受访人反映的情况，1—4月以及11—12月主要处于春季和冬季，这些季节的蔬菜多样性减少，导致可选择种植的蔬菜种类较少，使得庭院菜地的种类供给不足以及家庭食用的蔬菜来自菜地的比例降低。此外，由于春节期间子女返乡和家庭访客较多，使得家庭对蔬菜的需求增多，老年人购买蔬菜的情况有所提升，使来自庭院菜地的蔬菜占比降低。5—10月由于气候和环境适宜生长，蔬菜种植多样性相对丰富，总体产量也有较大提升，庭院菜地不仅可以满足家庭的日常蔬菜饮食需求，而且其产量往往高于家庭饮食的实际需求；老年人偶尔会购买一些不常食用的菜类改善生活，但总体上仍以食用庭院菜地种植的蔬菜为主。从全年情

况来看，5—10 月老年家庭以食用来自庭院菜地的蔬菜为主，而 11 月至次年 4 月食用来自庭院菜地种植的蔬菜的比例降低。此外，即使在 11 月至次年 4 月，老年家庭食用蔬菜来自庭院菜地的比例仍高于 65%。

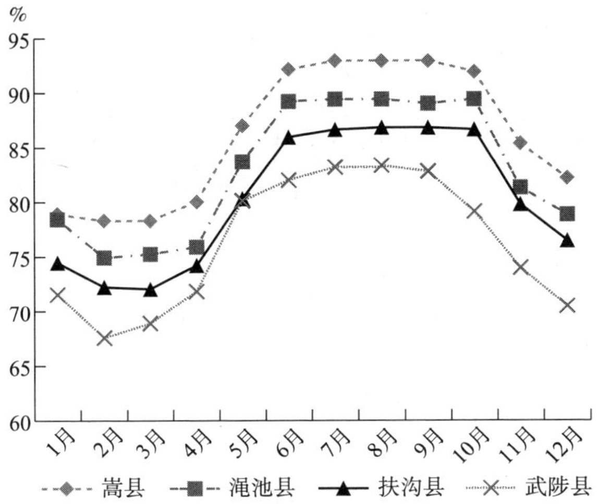

图 3-4 老年家庭食用蔬菜来自菜地的比例

从总体均值来看，老年家庭每月食用的蔬菜来自庭院菜地的比例在 70%以上，说明庭院菜地是农村老年家庭蔬菜饮食的主要来源。通过对各县进行对比，笔者发现不同地区之间存在显著差异。山地地区（嵩县和渑池县）来自家庭蔬菜的整体占比较高，平原地区（扶沟县和武陟县）整体占比相对较低。这可能是由于山地地区购买蔬菜情况较少，导致菜地整体供给的比例高于平原地区。主要原因包括 3 个方面：经济条件、区域交通和市场环境。经济条件是指山地地区的老年家庭收入较低，在一定程度上降低了老年人的购买意愿，从而提高了庭院菜地供给的比例。区域交通是指山地地区的家庭到市场的距离较远，同时又缺乏便利的交通工具，导致老年人因购买不便而减少购买。据调查，当地老年人只有在赶集时才会购买蔬菜，这导致山地地区老年人食用的蔬菜更多地依靠庭院菜地供给。市场环境是指山地地区的蔬菜销售地点较少，使老年人购买蔬菜的次数减少。走访时发现，山地地区的商店往往集中在城镇，村中只有一些出售生活用品的小商店，并不销售蔬菜。而平原地区的村庄内往往有销售蔬菜的商铺，使当地居民更容易购买到新鲜蔬菜，故影响了平原地区和山地地区老年人食用蔬菜的来源（见表 3-1）。

表 3-1 老年家庭食用蔬菜来自菜地的比例

月份	平原地区		山地地区		总体均值	*P*
	武陟县	扶沟县	渑池县	嵩县		
1 月	71.56±11.44b	74.51±8.68b	78.44±12.96a	78.87±8.88a	75.99±10.93	0.000
2 月	67.58±12.15c	72.28±7.99bc	74.94±13.54ab	78.27±8.60a	73.47±11.33	0.000
3 月	68.91±11.39d	72.10±7.82c	75.26±9.17b	78.27±7.19a	73.79±9.50	0.000
4 月	71.88±10.63c	74.26±8.11bc	75.91±8.02b	80.00±6.15a	75.62±8.73	0.000
5 月	80.16±8.11c	80.37±6.97c	83.7±9.78b	87.00±5.58a	82.86±8.20	0.000
6 月	82.03±7.60d	86.05±7.01c	89.22±7.7b	92.13±4.94a	87.54±7.76	0.000
7 月	83.20±7.20d	86.73±6.9c	89.42±7.74b	92.93±4.12a	88.23±7.45	0.000
8 月	83.36±7.24d	86.91±7.05c	89.42±7.74b	92.93±4.12a	88.32±7.47	0.000
9 月	82.81±7.96c	86.91±7.05b	89.03±8.43b	92.93±4.12a	88.10±7.87	0.000
10 月	79.14±11.15c	86.73±6.99bc	89.42±7.74ab	98.6±56.52a	88.79±29.99	0.002
11 月	73.98±11.03c	79.81±7.39b	81.30±15.01b	85.33±6.89a	80.34±11.21	0.000
12 月	70.47±12.78c	76.48±7.92b	78.83±14.75ab	82.13±7.22a	77.22±11.72	0.000

注：显著差异（$P<0.05$）。

总体来看，农村老年家庭日常食用的蔬菜 70%以上来自庭院菜地，其中山地地区家庭的蔬菜饮食来自庭院菜地的比例高于平原地区。

3.2.2 庭院菜地的菜荒

菜荒是指一年中蔬菜生产较少的季节或时段，菜荒时庭院菜地的蔬菜供给减少。为了探明庭院菜地的菜荒问题，本节针对菜地蔬菜的播种时间、生长周期和收获时间做出统计。结果如表 3-2 所示，庭院菜地种植的蔬菜种类主要为日常食用的蔬菜，不同蔬菜的播种时间和生长周期决定了其收获的时间，从而造成了一年中庭院菜地种植多样性的差异。不同蔬菜的产量差异也会影响庭院菜地的供给水平。因调查时每种蔬菜的产量难以计量，故没有统计庭院菜地的产量。

表 3-2 主要蔬菜生产季节

种类	播种时间	生长周期	收获时间
白萝卜	7—8 月	3~4 个月	11 月
胡萝卜	7 月	3~5 个月	10—12 月
土豆	4 月	3 个月	7 月
洋葱	3—5 月	5 个月	8—10 月
蒜苗	8—10 月	9 个月	5—7 月
上海青	7—9 月	1 个月	8—10 月
空心菜	4 月	2 个月	6 月
卷心菜	4 月	1 个月	5 月
莴苣	8—10 月	7 个月	3—5 月
小白菜	7 月	1~2 个月	8—9 月
白菜	7—8 月	1~3 个月	8—11 月
大葱	5—7 月	2~3 个月	7—10 月
韭菜	3 月	1 个月	4 月
菠菜	8—10 月	1~2 个月	9—12 月
芹菜	10 月	3~4 个月	1—2 月
生菜	10—11 月	3 个月	1—2 月
油麦菜	4 月	3 个月	7 月
冬瓜	4 月	6 个月	10 月
南瓜	4 月	2~3 个月	6—7 月
丝瓜	4 月	2~3 个月	6—7 月
黄瓜	4 月	2~3 个月	6—7 月
苦瓜	3 月	3 个月	6 月
茄子	3—4 月	4 个月	7—8 月
西红柿	4 月	2~3 个月	6—7 月
菜椒	4 月	1 个月	5 月
豌豆	10 月	8 个月	6 月
蚕豆	10 月	4 个月	2 月
四季豆	3—4 月	2~3 个月	5—7 月
豇豆	4 月	1~3 个月	5—7 月

续表

种类	播种时间	生长周期	收获时间
葫芦	4 月	4~5 个月	8—9 月
香菜	8—10 月	2~3 个月	10 月至次年 1 月
小葱	3 月、8 月	5 个月	8 月、次年 1 月
大蒜	8 月、10 月	7~8 个月	3—4 月、5—6 月
辣椒	4—5 月	3~4 个月	7—9 月

为了进一步明晰庭院菜地种植多样性与菜荒的关系，将庭院菜地蔬菜的收获时间做如下统计（见图 3-5）。如图中所示，庭院菜地 1—4 月种植多样性减少，种植的蔬菜种类为 2~4 类，从 5 月开始庭院菜地的种植种类逐渐增多，并在 7 月和 8 月达到峰值，10 月之后庭院菜地的种植种类开始明显减少。这表明庭院菜地一年内的种植多样性随着月份的变化有明显差别，同时也将影响老年家庭的蔬菜饮食。

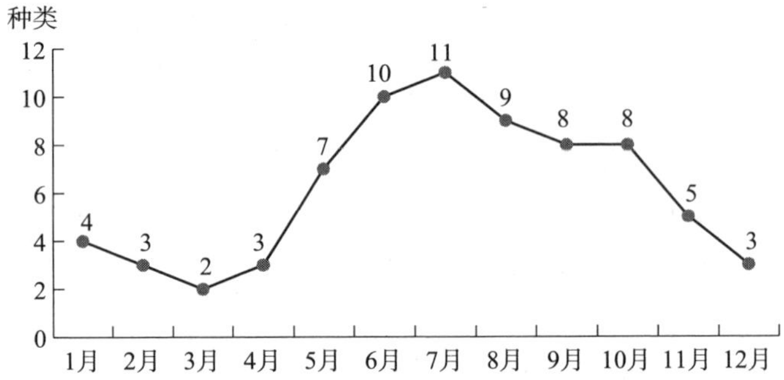

图 3-5 庭院菜地蔬菜收获时间

如图 3-6 所示，整体上看，4 个县在 1—4 月和 11—12 月的菜荒程度较高，5—10 月的菜荒程度较低。由上文可知，1—4 月和 11—12 月菜地的种植多样性减少，冬天种植较多的蔬菜为白菜、萝卜、菠菜等，这些蔬菜的特点是产量相对较高，且便于储存，老年人把这些蔬菜作为冬季和春季的主要食用蔬菜，其他蔬菜种类则主要通过购买获得。5—10 月处于夏季和秋季，由于温度上升和雨季的到来，能种植的蔬菜种类增多，庭院菜地的种植多样性也随之增多。茄子、豆角、西红柿、黄瓜等经常食用的蔬菜均可以在此时间段种植，另有一些食用较少的蔬菜品种，老年人也可根据自己的喜好种植，因此不需要担心蔬菜的供应问题。从不同县来看，武陟县、扶沟县、渑池县与嵩县的菜荒程度随月份的变化一致，均为春季、冬季高，夏季、秋季低。这可能是因为菜荒季节主要受气候的影响，而4个县均位于河南省内，不同县的气候差异较小，故表现出菜荒季节的一致性。

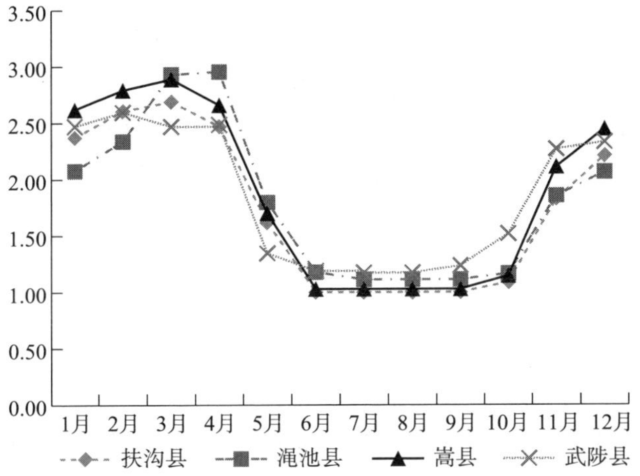

图 3-6 庭院菜地各月菜荒程度

从4个县的差异来看，庭院菜地在不同月份的菜荒程度存在显著差异，但平原地区和山地地区之间无明显差异。从整体均值来看，1—4月和11—12月菜荒程度为2以上，说明整体菜荒程度在较弱和一般之间。5—10月菜荒程度为1~2，说明整体菜荒程度在弱和较弱之间。可见，庭院菜地菜荒程度在11月至次年4月较高，在5—10月较低。

总体来看，调查地区一年中菜荒季节主要为1—4月和11—12月，菜荒期间菜地种植多样性减少；在夏季和秋季菜地的供给情况较好，菜地种植的多样性增加（见表3-3）。

表 3-3　庭院菜地每月菜荒程度

月份	平原地区		山地地区		总体均值	P
	武陟县	扶沟县	渑池县	嵩县		
1月	2.47±0.59ab	2.37±0.51bc	2.08±0.31c	2.63±0.78a	2.38±0.60	0.000
2月	2.59±0.56b	2.6±0.52b	2.34±0.53c	2.80±0.70a	2.58±0.60	0.000
3月	2.47±0.76c	2.69±0.49b	2.94±0.59a	2.89±0.53a	2.76±0.62	0.000
4月	2.48±0.78b	2.47±0.55b	2.96±0.64a	2.67±0.62b	2.65±0.67	0.000
5月	1.34±0.62b	1.62±0.51a	1.81±0.86a	1.71±0.69a	1.63±0.70	0.001
6月	1.19±0.39a	1.04±0.19b	1.18±0.39a	1.03±0.16b	1.10±0.31	0.000
7月	1.17±0.38a	1.01±0.11b	1.12±0.32a	1.03±0.16b	1.08±0.27	0.001
8月	1.17±0.38a	1.02±0.16b	1.12±0.32a	1.03±0.16b	1.08±0.27	0.002
9月	1.23±0.43a	1.02±0.16b	1.12±0.32b	1.03±0.16b	1.09±0.29	0.000
10月	1.52±0.59a	1.11±0.39b	1.17±0.38b	1.15±0.46b	1.22±0.48	0.000
11月	2.27±0.62a	1.83±0.61b	1.86±0.53b	2.12±0.91a	2.00±0.70	0.000
12月	2.33±0.59ab	2.21±0.41bc	2.06±0.34c	2.45±0.72a	2.26±0.55	0.000

注：显著差异（$P<0.05$）。

3.2.3　菜荒时的饮食策略

在庭院菜地菜荒的限制下，老年人主要面临蔬菜饮食多样性降低的问题。在饮食多样性降低的情况下，老年人会采取不同的策略来增加蔬菜饮食的多样性，保障饮食安全。不同的饮食策略会对老年人的生活造成不同的影响，针对本节所设置的问题，老年家庭应对菜荒的策略包括增加购买和减少食用。增加购买主要是指在菜荒季节，老年人通过增加购买蔬菜来应对菜地种植多样性降低的问题，从而保障日常的蔬菜摄入。减少食用主要是指老年人由于菜荒时期菜地多样性降低，又缺乏增加蔬菜饮食多样性的途径，从而减少了蔬菜摄入。

3.2.3.1　增加购买蔬菜

如图 3-7 所示，总体来看，样本中赞同增加购买蔬菜的老年人占比最高，武陟县、扶沟县、渑池县与嵩县的占比分别为 81%、70%、49%和

33%；从地区来看，平原地区老年人赞同增加购买的比例明显高于山地地区；而山地地区老年人不赞同和强烈不赞同增加购买的比例较高，渑池县不赞同增加购买的比例为34%，嵩县强烈不赞同增加购买的比例为31%。这表明不同地区的老年人虽然都以增加购买蔬菜为主要应对策略，但平原地区购买情况相对较多，山地地区较少。据当地老年人反映，这是由于平原地区交通相对便利，蔬菜商店更多，老年人购买方便；而山地地区由于地理地貌特征的影响，农村地区交通相对不便，这降低了山地地区老年人购买蔬菜的意愿。此外，受市场因素影响，山地地区蔬菜销售网点较少，加之山地地区老年人经济收入低于平原地区，使得山地地区的老年人购买蔬菜的情况较少。从结果来看，平原地区老年人在菜荒时购买蔬菜的情况多于山地地区老年人，意味着平原地区的老年人在菜荒时期愿意将更多的支出用于购买蔬菜以解决庭院菜地菜荒问题，这在一定程度上增加了该地区老年人的经济负担。

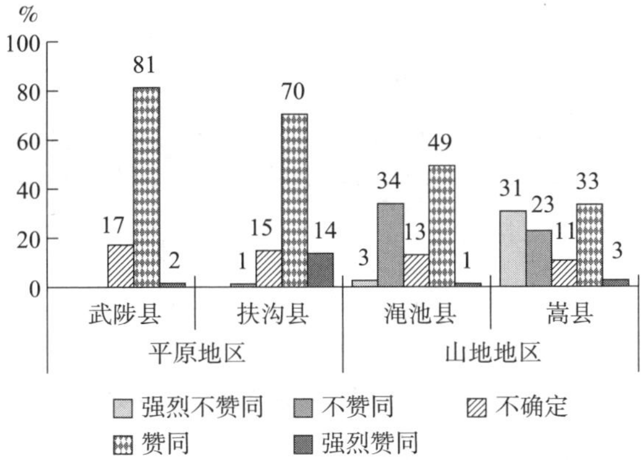

图 3-7　老年家庭针对菜荒增加购买蔬菜

3.2.3.2　减少食用蔬菜

如图3-8所示，总体来看，对于减少食用蔬菜以应对菜荒的策略，平原地区老年人的态度主要集中在不赞同和不确定之间，武陟县和扶沟县持不赞同态度的比例分别为53%和72%，持不确定态度的比例分别为36%和

21%；山地地区老年人对减少食用蔬菜的态度以不确定和赞同为主，渑池县和嵩县持不确定态度的比例分别为32%和12%，持赞同态度的比例分别为30%和39%；持强烈赞同态度的比例分别为10%和12%。这说明庭院菜地菜荒时平原地区老年人选择减少食用蔬菜的情况较少，而山地地区老年人减少食用蔬菜的情况较多。导致这种态度差异的原因主要包括两个方面。首先为市场因素：由于当地蔬菜产业落后，导致蔬菜整体价格走高，且山地地区的蔬菜销售网点较少，导致山地地区老年人在庭院菜地菜荒时购买蔬菜的情况较少。其次为经济因素：山地地区的老年人收入较低，生活更为拮据，一般只有在节假日以及家有访客时才会选择购买蔬菜，日常饮食较多地依赖庭院菜地的供给。综合来看，庭院菜地菜荒限制了农村老年人蔬菜饮食的多样性，且对山地地区老年人蔬菜饮食多样性的限制更为明显，而对平原地区老年人的影响相对较小。

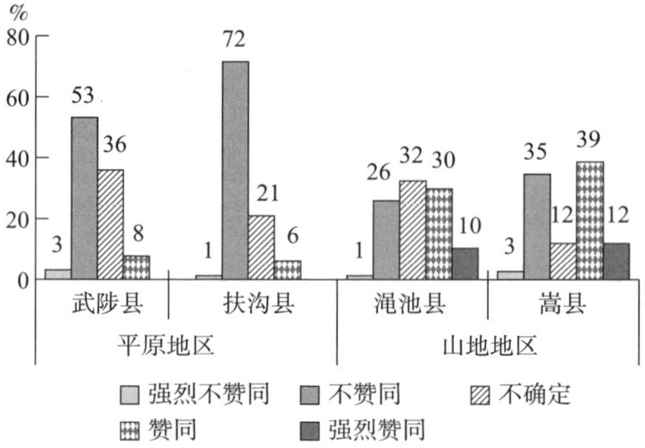

图3-8　老年家庭针对菜荒减少食用蔬菜

综上所述，庭院菜地菜荒增加了平原地区老年人食用蔬菜的支出，限制了山地地区老年人的饮食的多样性。

3.3　生活型庭院菜地的功能

通过调查庭院菜地的功能，了解生活型庭院菜地在农村老年人饮食生活中的地位。本节有关庭院菜地功能所设置的问题有保障蔬菜饮食、提升生活质量和维护邻里关系。

3.3.1 保障蔬菜饮食

合理的饮食结构对于老年人的身体健康十分重要，庭院菜地在很大程度上改善了农村老年人的饮食结构。庭院菜地保障蔬菜饮食的作用具体是指庭院菜地一年四季提供新鲜蔬菜，并满足老年家庭的日常饮食需要。如图 3-9 所示，对于庭院菜地保障蔬菜饮食的作用，从总体样本来看，4 个县的老年人几乎都持赞同或强烈赞同的态度。武陟县老年人赞同的比例高达 91%，扶沟县老年人持赞同和强烈赞同态度的比例分别为 53% 和 47%，渑池县老年人持强烈赞同态度的比例为 75%，嵩县老年人强烈赞同的比例为 83%，表明大多数受访老年人认为庭院菜地对保障蔬菜饮食具有积极作用。

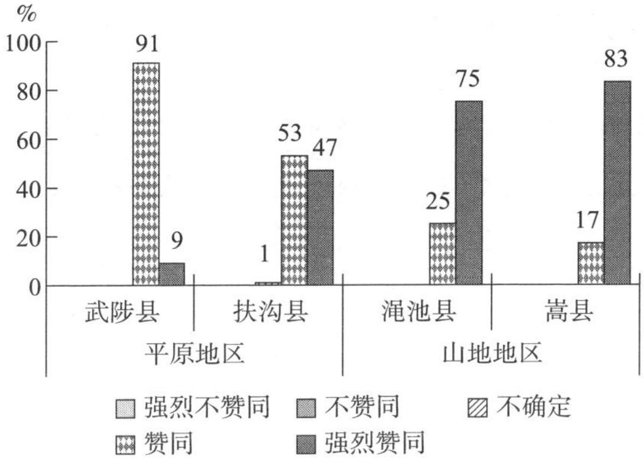

图 3-9 庭院菜地保障蔬菜饮食的功能

方差对比（见表 3-4）表明，山地地区庭院菜地保障饮食的作用显著高于平原地区，这可能是因为山地地区的老年人更依赖庭院菜地的生产。山地地区交通不便以及销售市场较少等因素限制了该地区老年人的购买能力，老年人获得蔬菜主要通过种植庭院菜地的方式，同时更加注重对于庭院菜地的管理与开垦，因此农村庭院菜地保障饮食的作用也更为显著。相较于山地地区，平原地区购买蔬菜较为方便，老年人除种植庭院菜地外，还可通过购买蔬菜的方式来弥补庭院菜地供给不足的缺陷，而对庭院菜地可能会疏于管理。因此平原地区庭院菜地保障饮食的功能显著低于山地地区。进一步研究发现，地处平原地区的武陟县和扶沟县庭院菜地保障饮食的作用差异更为明显，且扶沟县显著高于武陟县。这主要是因为扶沟县老年人收入较低，购买蔬菜的频率相对较低，因此对庭院菜地的日常管理也更为重视；而武陟县较为富裕，蔬菜市场较多，使得该地区老年人疏于对庭院菜地的日常管理，导致武陟县庭院菜地保障饮食的作用较弱。

表 3-4　庭院菜地的作用对比（1）（mean±SD，n=297）

作用	平原地区		山地地区		总体均值	P
	武陟县	扶沟县	渑池县	嵩县		
保障饮食	4. 09±0. 29c	4. 44±0. 52b	4. 75±0. 43a	4. 83±0. 38a	4. 55±0. 51	0. 000

注：显著差异（P<0. 05）。

3. 3. 2　提升生活质量

除了保障蔬菜饮食的作用，庭院菜地对于提升老年人的生活质量也具有一定的作用，具体可分为活动身体、提升个人价值、丰富日常生活 3 个方面。活动身体是指庭院菜地的劳动强度不高，老年人可以通过每天采摘蔬菜和管理庭院菜地的工作，达到锻炼身体的效果，因此庭院菜地具有日常健身的作用。提升个人价值是指老年人可以通过种植庭院菜地满足自身对蔬菜的饮食需求，减少对其他家庭成员的依赖，使得生活更为独立；与此同时，由于年龄问题，老年人的身体机能不断下降，其对家庭的贡献度越来越低，通过种植庭院菜地，老年人可以为亲友提供新鲜蔬菜，增加对家庭的贡献，提高自身的存在感。丰富日常生活是指在文化娱乐活动较少的农村地区，由于子女外出务工，老年人通过种植庭院菜地享受农耕生活，体验劳动所带来的生活乐趣，缓解了自身内心的空虚感。

如图 3-10 所示，武陟县、扶沟县、渑池县与嵩县 4 个县受访的老年人对于庭院菜地可以活动身体、提升个人价值、丰富日常生活这 3 种作用大多数持赞同和强烈赞同的态度，比例均接近或超过了 90%，这表明老年人对于庭院菜地提升生活质量的作用非常认可。

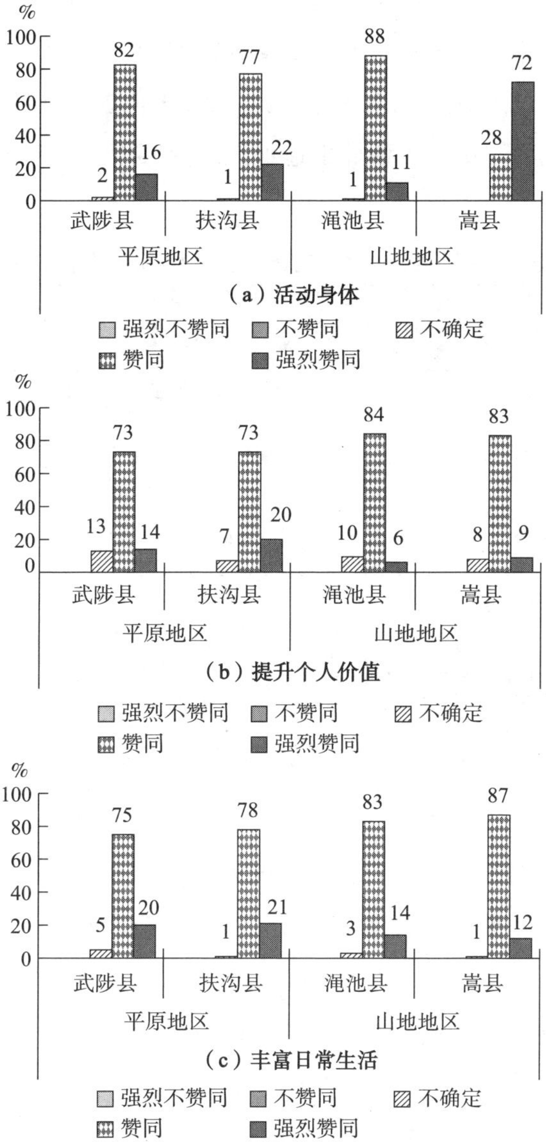

图 3-10 庭院菜地提升生活质量的功能

通过显著性对比（见表3-5）可知，庭院菜地活动身体的功能在平原地区与山地地区存在显著差异，而提升个人价值和丰富日常生活的功能在两个地区无显著差异。究其原因，可能是因为山地地区的庭院菜地地势较高，且经常位于山坡和洼地处，老年人前往庭院菜地往往需要消耗更多的体力，这降低了山地地区老年人对于庭院菜地提升个人价值以及丰富日常生活的认可度。此外，山地地区老年人相比平原地区日常生活更为单调，活动方式主要为农业劳动，因此山地地区庭院菜地对老年人活动身体的作用强于平原地区。

表3-5　庭院菜地的作用对比（2）（mean±SD，*n*=297）

作用	平原地区		山地地区		总体均值	*P*
	武陟县	扶沟县	渑池县	嵩县		
活动身体	4. 14±0. 39b	4. 21±0. 44b	4. 75±0. 43a	4. 72±0. 45a	4. 46±0. 51	0. 000
提升个人价值	4. 02±0. 52	4. 12±0. 51	3. 97±0. 40	4. 01±0. 42	4. 03±0. 46	0. 208
丰富日常生活	4. 16±0. 48	4. 20±0. 43	4. 12±0. 40	4. 11±0. 35	4. 14±0. 41	0. 505

注：显著差异（$P<0.05$）。

3. 3. 3　维护邻里关系

庭院菜地对于维护邻里关系的作用主要体现在老年人在种植蔬菜的过程中可以互相交流种植经验并且互相给予指导和建议，这不仅有利于庭院菜地的种植，也有助于维持和睦的邻里关系。此外，每户家庭所种植的蔬菜种类存在差异，对于没有种植的蔬菜种类，老年人之间会通过交换、赠送的方式从友邻处获得，增进了邻里之间的关系。如图3-11所示，武陟县、扶沟县、渑池县与嵩县4个县的大多数老年人对家庭庭院菜地可以维护邻里关系的功能持赞同和强烈赞同的态度，这表明老年人对庭院菜地维护邻里关系的作用较为认同。

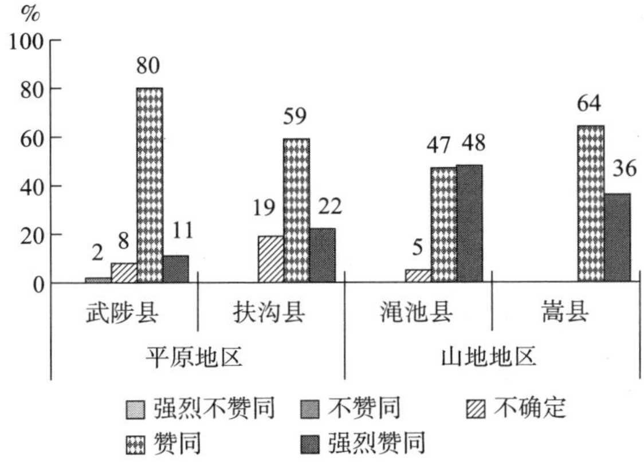

图 3-11 庭院菜地维护邻里关系的功能

通过显著性对比（见表 3-6）可知，山地地区庭院菜地在维护邻里关系方面的作用显著高于平原地区。结合对不同地区老年人的访谈可知，山地地区的交通不够便利且市场环境较差，购买蔬菜极为不便，而蔬菜作为日常饮食的必需品，通过庭院菜地的方式来获取在山地地区尤为必要。交流庭院菜地的种植经验、交换不同品类的蔬菜，既增加了农村老年人交流的机会，又进一步促进了老年家庭之间的和睦关系。此外，山地地区一些村庄的老年人为了便于灌溉，临河开垦庭院菜地，使得该地区庭院菜地的分布较为集中；与此同时，一些老年人将多出的蔬菜送给亲友，使得没有种植庭院菜地的老年家庭也可以获得新鲜蔬菜；种植庭院菜地增加了老年人之间的交流机会，使得老年家庭间的联系更为紧密，起到了维护邻里关系的作用。总体来看，庭院菜地对于维护邻里关系具有十分积极的作用，且在山地地区更为显著。

表 3-6 庭院菜地的作用对比（3）（mean±SD，n=297）

作用	平原地区		山地地区		总体均值	P
	武陟县	扶沟县	渑池县	嵩县		
维护邻里关系	4. 00±0. 50b	4. 04±0. 64b	4. 43±0. 59a	4. 36±0. 48a	4. 21±0. 59	0. 000

注：显著差异（P<0. 05）。

3.4 老年人对庭院菜地的期望

老年人对庭院菜地的期望反映了老年人的日常生活与精神需求，可以据此提出相应的解决办法，为农村庭院菜地的未来发展提出建议，进一步提升庭院菜地的功能。本节所涉及的相关问题有生产资料的获取、种植方法、灌溉与销售、合理规划菜地。根据1=强烈不赞同，2=不赞同，3=不确定，4=赞同，5=强烈赞同确定各部分的分值。

3.4.1 生产资料的获取

种植庭院菜地所需的生产资料主要包括化肥、种子、地膜、农药等。一方面，这些生产资料是种植庭院菜地的必需品；另一方面，增加生产资料获取的便利性，对于老年人种植庭院菜地的积极性具有一定的推动作用。增加农用商店可能对于购买不便的山地地区更有必要，收入较低的老年人群体对于降低生产资料价格的期望更为强烈。如图3-12所示，平原地区大多数受访老年人对于增加农用商店持不确定态度，其中武陟县与扶沟县占比分别为88%和85%；山地地区受访老年人对于增加农用商店的态度主要为赞同和强烈赞同，渑池县和嵩县持赞同态度的比例分别为47%和22%，持强烈赞同态度的比例分别为33%和77%。这表明平原地区老年人对于增加农用商店的意愿不够强烈，山地地区老年人对于增加农用商店的意愿较为强烈。这可能是因为山地地区的农用商店较少，影响了庭院菜地的种植。对于降低生产资料价格，平原地区和山地地区的大多数老年人均持赞同和强烈赞同的态度，其中地处平原地区的武陟县与扶沟县持赞同态度的受访老年人占比均为70%，山地地区持强烈赞同态度的受访老年人占比分别为75%和72%。这表明农村老年人对于降低生产资料价格的意愿十分强烈。

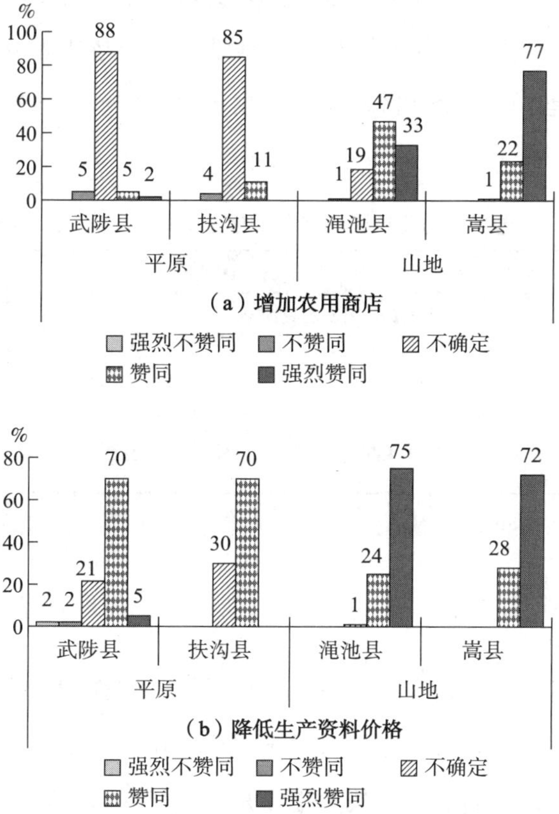

图 3-12 生产资料的获取

如表 3-7 所示，对于生产资料的获取，平原地区和山地地区的受访老年人的期望存在显著差异。对于增加农用商店，山地地区受访老年人的期望显著高于平原地区。进一步研究发现，对于山地地区而言，嵩县受访老年人对生产资料获取的期望显著高于渑池县，这主要由两方面的因素决定。首先，受到山地地区交通便利性以及市场因素的制约，山地地区受访老年人对于农用商店的依赖性更高。而嵩县老年人对生产资料获取的期望显著高于渑池县的原因是，相较于渑池县，嵩县的自然地理条件更为恶劣，且嵩县的农村地区市场更为落后。研究小组走访调查发现，一些山里的老年人前往农用商店往往需要乘坐数小时的公共汽车。相比之下，渑池县矿区及工业的发展水平较高，对当地农村经济发展和市场环境具有一定的带动作用，因此，相较于渑池县，嵩县受访老年人对于增加农用商店的期望更高。对于降低生产资料价格，山地地区受访老年人的期望显著高于平原地区，这是由于山地地区的老年人收入水平较低，导致其对于降低商品价格的期望更高。

表 3-7　老年人对生产资料获取的期望（mean±SD，n=297）

期望	平原地区		山地地区		总体均值	P
	武陟县	扶沟县	渑池县	嵩县		
增加农用商店	3. 03±0. 40c	3. 07±0. 38c	4. 10±0. 75b	4. 76±0. 46a	3. 76±0. 89	0. 000
降低生产资料价格	3. 75±0. 64b	3. 70±0. 46b	4. 74±0. 47a	4. 72±0. 45a	4. 24±0. 71	0. 000

注：显著差异（P<0. 05）。

3. 4. 2　种植方法

改善庭院菜地的种植方法，主要包括讲解种植知识与给予技术指导两种。讲解种植知识是指增加老年人对于温度、用水以及季节应对等有关蔬菜种植影响因素的了解。给予技术指导是指对于一些不经常种植以及种植困难的蔬菜，通过为老年人讲解具体种植方法，达到提高蔬菜成活率以及蔬菜产量的目的。如图 3-13 所示，武陟县、扶沟县、渑池县与嵩县的受访老年人对于讲解种植知识主要持赞同和强烈赞同的态度，4 个县的受访老年人持赞同态度的比例分别为 95%、85%、61%和 51%，其中渑池县和嵩县受访老年人持强烈赞同态度的比例分别为 39%和 48%。这表明各县老年人对于讲解种植知识均有较高的期望。对于给予技术指导，4 个县的受访老年人主要持赞同和强烈赞同的态度，持赞同态度的比例分别为 69%、80%、47%和 39%。其中渑池县和嵩县的受访老年人持强烈赞同态度的比例分别为 52%和 61%，说明各县受访老年人对于给予技术指导均具有较高的期望。

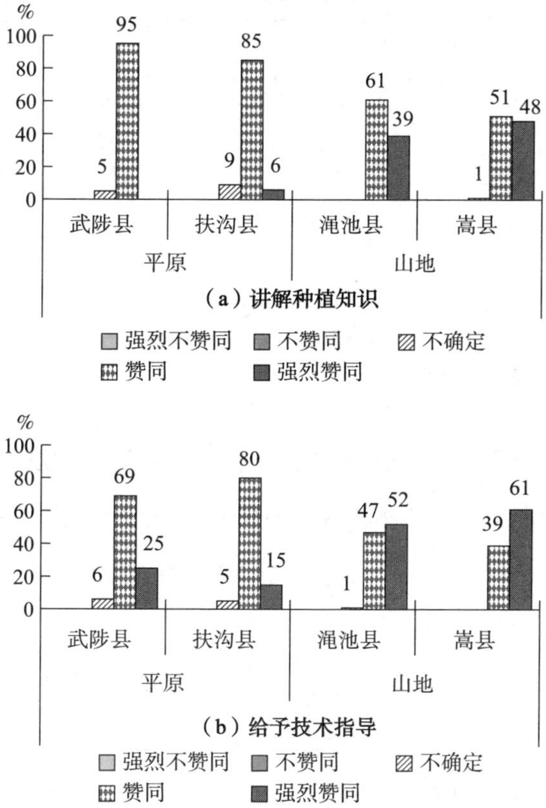

图 3-13　种植方法

如表 3-8 所示，关于讲解种植知识和给予技术指导的方差分析，山地地区受访老年人的期望显著高于平原地区，说明山地地区受访老年人对于这两点的期望更为强烈。这是由于山地地区受到土壤贫瘠、灌溉不便等多种因素的限制，难以获得理想的种植条件，从而影响了蔬菜生长。此外，山地地区信息闭塞，老年人难以获得蔬菜种植的一手信息，从而导致老年人种植的蔬菜产量较低，蔬菜种植多样性不足，蔬菜苗圃存活率较低，最终影响了山地地区老年人的饮食状况。因此，山地地区老年人对于讲解种植知识和给予技术指导的期望更为强烈。

表 3-8 老年人对种植方法的期望（mean±SD，n=297）

期望	平原地区		山地地区		总体均值	P
	武陟县	扶沟县	渑池县	嵩县		
讲解种植知识	3. 95±0. 21b	3. 98±0. 39b	4. 39±0. 49a	4. 47±0. 53a	4. 20±0. 49	0. 000
给予技术指导	4. 19±0. 53b	4. 1±0. 44b	4. 51±0. 53a	4. 61±0. 49a	4. 35±0. 54	0. 000

注：显著差异（P<0. 05）。

3. 4. 3 灌溉与销售

研究小组走访调查发现，庭院菜地不合理灌溉的问题在各地区均有发生。如图 3-14 所示，武陟县和扶沟县的受访老年人对于完善灌溉系统主要持赞同态度，两个县受访老年人持赞同态度的比例均为 67%；地处山地地区的渑池县和嵩县的受访老年人对于完善灌溉系统大部分持强烈赞同态度，比例分别为 68%和 85%。这表明 4 个县的家庭灌溉情况都有待提升。对于提供销售平台，4 个县受访的老年人并没有表现出积极的态度，武陟县、扶沟县、渑池县和嵩县的受访老年人持赞同态度的比例分别为 23%、19%、39%和 27%，而 4 个县受访老年人中，持不确定态度的比例分别为 75%、36%、26%和 41%。这表明受访老年人对于提供销售平台这一举措的认可度有待进一步提升。

如表 3-9 所示，山地地区受访老年人对于完善灌溉系统的期望显著高于平原地区，其中嵩县又显著高于渑池县。这表明山地地区老年人对于完善灌溉系统的期望更加强烈，尤其是嵩县的受访老年人。据调查，山地地区农户用水只能通过集体供水和自己运水等方式进行庭院菜地的灌溉。但是集体供水很难保证每户居民的用水需求，经常由于水压不够而导致供水不足，而农户自己运水又无法保证庭院菜地的灌溉用水，导致老年人庭院菜地灌溉用水困难。渑池县部分农村建有大型矿场、水泥工厂等大型企业，由于其具有相应的供水设施，因此邻近村庄的用水情况有所改善。此外，渑池县部分村庄依河而建，虽然仍需要人工运水，但相较于嵩县的受访老年人更为方便；嵩县只有小部分毗邻河谷的村庄的受访老年人可以担水浇地，另有大部分村庄位于半坡和坡顶，生活用水尚且困难，因此庭院菜地灌溉用水大多来自蓄水池所积蓄的雨水。因此，虽然同处于山地地区，但嵩县受访老年人对于完善灌溉系统的期望显著高于渑池县。

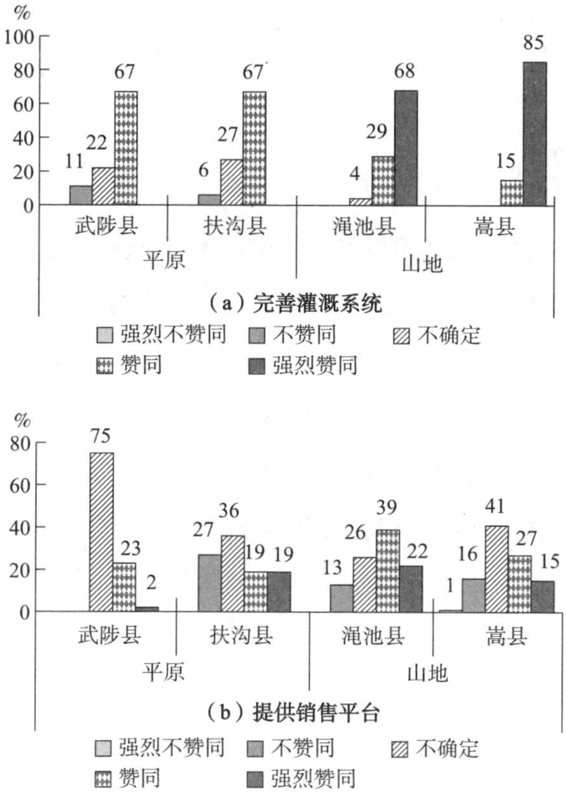

图 3-14 灌溉与销售

对于提供销售平台，渑池县受访老年人的期望显著高于其他 3 个县。据调查，渑池县农村地区有工人小区，附近老年人经常通过种植蔬菜，到矿区附近售菜，以此增加收入。然而，近年来矿区效益日渐低下，矿区工人逐渐减少，老年人种植的蔬菜无处销售，故对于提供销售平台的期望更加强烈。

表 3-9　老年人对灌溉与销售的期望（mean±SD，*n*=297）

期望	平原地区		山地地区		总体均值	*P*
	武陟县	扶沟县	渑池县	嵩县		
完善灌溉系统	3.56±0.69c	3.60±0.61c	4.64±0.56b	4.85±0.36a	4.18±0.81	0.000
提供销售平台	3.27±0.48b	3.28±1.06b	3.70±0.96a	3.37±0.97b	3.41±0.93	0.012

注：显著差异（$P<0.05$）。

3.4.4　合理规划菜地

合理规划菜地是指通过对庭院菜地的空间分布进行合理规划，使其在村庄房屋建设、村民修建自家庭院和村内道路规划与翻修时避免对庭院菜地的侵占与毁坏。此外，农村土地的变动也会导致庭院菜地的变动，影响庭院菜地的种植。如图 3-15 所示，4 个县的受访老年人对于合理规划庭院菜地的期望主要持赞同和强烈赞同的态度。武陟县、扶沟县、渑池县和嵩县的受访老年人对于合理规划菜地持赞同态度的比例分别为 81%、43%、94%和 57%，其中扶沟县和嵩县受访老年人持强烈赞同态度的比例分别为 54%和 31%。可见，各县受访老年人对于合理规划菜地的意愿均较为强烈，这也从侧面反映了农村地区的规划建设对庭院菜地的发展具有较大影响。

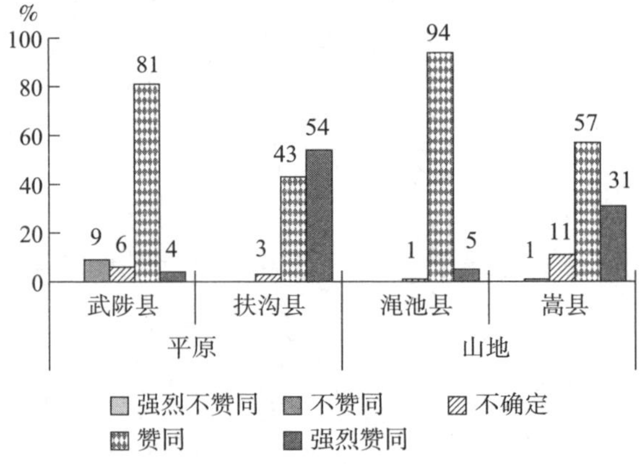

图 3-15　合理规划菜地

如表 3-10 所示，关于各县受访老年人对合理规划菜地的期望，扶沟县显著高于其他 3 个县；与此同时，渑池县和嵩县受访老年人对合理规划庭院菜地的期望显著高于武陟县。研究小组实地调查发现，扶沟县农村地区规划建设期间，没有考虑到老年人对庭院菜地的需要，为了维护村庄形象，禁止老年人在门前种植庭院菜地，同时又没有在其他地方为老年人重新分配庭院菜地，导致大量的庭院菜地被侵占和毁坏，故扶沟县受访老年人对于合理规划庭院菜地的期望最为强烈。而渑池县和嵩县则因为山地地貌的原因，往往需要去离家较远的地方开垦庭院菜地，这使得对庭院菜地的种植和管理都极为不便，故渑池县和嵩县受访老年人对于合理规划庭院菜地的期望也较为强烈。

表 3-10　老年人对合理规划菜地的期望（mean±SD，*n*=297）

期望	平原地区		山地地区		总体均值	*P*
	武陟县	扶沟县	渑池县	嵩县		
合理规划菜地	3. 78±0. 65c	4. 51±0. 67a	4. 04±0. 25b	4. 17±0. 67b	4. 16±0. 65	0. 000

注：显著差异（*P*<0. 05）。

4 农村生活型庭院菜地的种植现状、动机与障碍

由于耕种条件和生活环境的差异，不同地区的庭院菜地种植特征有所区别。平原地区地势平坦开阔，水土资源的利用相对便利，种植环境较优。山地地区庭院菜地的种植受其地理环境的影响较大，水资源利用不便，而村庄的分布也不同于平原地区，这造成山地地区庭院菜地的分布和种植情况与平原地区有所差别。本书选取的武陟县和扶沟县均为农业较为发达的传统平原耕作区，而渑池县和嵩县均为典型山地地区。为了进一步了解农村庭院菜地的种植情况，本章详细讨论和分析比较了庭院菜地的现状、管理投入以及种植动机与障碍。

4.1 庭院菜地的现状

4.1.1 庭院菜地的位置

在所调查的庭院菜地中，各地区的位置分布存在差异。武陟县的庭院菜地主要分布在庭院内外和村庄边缘。位于庭院内外的庭院菜地一般用水管进行灌溉，便于管理，但庭院菜地面积较小；而位于村庄边缘的庭院菜地多为集体划分，分布较为集中，有统一灌溉的水井，庭院菜地面积较大，但距离较远。扶沟县的庭院菜地主要分布在庭院内外和村内闲置的宅

基地内，位于庭院内外的庭院菜地距离较近，位于闲置宅基地内的庭院菜地分布于村内，距离适中。由于山地地区村庄分布松散，因此渑池县庭院菜地主要分布在庭院门前，距离较近。嵩县的庭院菜地由于山地地貌较为突出，分布较为松散，既有近距离的菜地，也有距离较远的菜地。

如图 4-1 所示，武陟县庭院菜地的距离主要在 50 米及以下和 100 米以上，占比分别为 53%和 33%；扶沟县庭院菜地的距离主要在 50 米及以下和 51~100 米，占比分别为 68%和 27%；渑池县庭院菜地的距离在 50 米及以下的居多，占比为 89%；嵩县庭院菜地的距离在 100 米以上的较多，占比 48%，其次为 51~100 米和 50 米及以下的分布距离，占比分别为 27%和 25%。总体来看，各县庭院菜地的分布距离均有差别：武陟县和嵩县的庭院菜地分布距离远近不等，扶沟县和渑池县的庭院菜地分布距离较近。

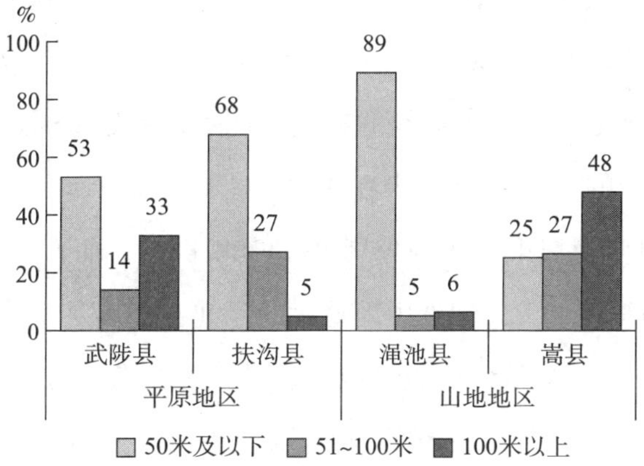

图 4-1　庭院菜地到家庭的距离

如表 4-1 所示，4 个县庭院菜地与老年人家庭的距离均值为 68.87（±93.37）米，且标准差较大，这表明菜地距离差异较大。其中武陟县和嵩县的庭院菜地的分布距离显著大于扶沟县和渑池县。据走访调查，武陟县的庭院菜地主要分布于村庄外部，距离较远；嵩县由于山地地貌特征明显，位于村庄近处的庭院菜地不能满足老年人的饮食需求，因此，老年人需要在距离家庭较远的山坡上开垦菜地，使得嵩县农村地区庭院菜地的整体距离较远。

表 4-1 庭院菜地到家庭的平均距离（mean±SD，n=297） 单位：米

指标	平原地区		山地地区		总体均值	P
	武陟县	扶沟县	渑池县	嵩县		
菜地距离	106.84±132.06a	22.81±43.93b	34.18±59.59b	121.8±81.44a	68.87±93.37	0.000

注：显著差异（P<0.05）。

4.1.2 庭院菜地种植面积

庭院菜地种植面积从蔬菜供给“量”的方面反映了庭院菜地的供给能力。一般而言，菜地面积越大，蔬菜的产量越高，对饮食需求的保障能力越强。研究小组走访调查时老年人反映，庭院菜地种植面积受土地因素、村庄分布以及灌溉条件的影响，老年人依据实际情况开垦庭院菜地。位于庭院内外的庭院菜地一般面积较小，而位于村庄边缘的庭院菜地大多按人口分配，且分配时所参照的人口数往往大于实际居住人口数，因此面积较大。如图 4-2 所示，在所有调查的庭院菜地中，地处平原地区的武陟县和扶沟县庭院菜地的面积主要集中在 40 平方米及以下以及 41~80 平方米，其中在 40 平方米及以下的比例分别为 48%和 47%，而在 41~80 平方米的比例分别为 38%和 43%。地处山地地区的渑池县和嵩县庭院菜地面积主要集中在 41~80 平方米和 80 平方米以上，其中庭院菜地在 41~80 平方米的比例分别为 42%和 44%，在 80 平方米以上的比例分别为 40%和 55%。由此可见，平原地区的庭院菜地面积普遍偏小（见图 4-3），而山地地区庭院菜地的面积普遍较大（见图 4-4）。

由表 4-2 可知，山地地区的庭院菜地面积显著大于平原地区，这主要由两方面原因造成。首先，山地地区老年人经济贫困且缺少购买渠道，因此需要通过增加庭院菜地的种植面积保障蔬菜供给。其次，山地地区的村庄之间相隔较远，房屋道路的修建等都滞后于平原地区，因此可以用于种植庭院菜地的闲置土地较多。进一步研究发现，地处山地地区的渑池县与嵩县之间的庭院菜地种植面积也存在显著差异，嵩县的庭院菜地面积显著

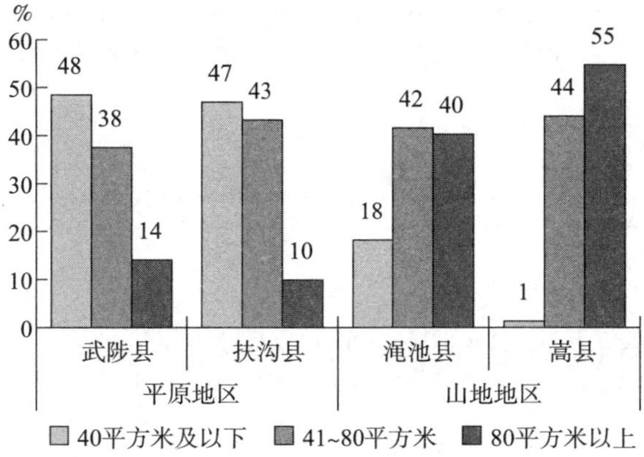

图 4-2　庭院菜地的种植面积

大于渑池县。研究小组走访调查发现，渑池县和嵩县同处山地地区，但渑池县农村地区老年人的经济状况优于嵩县农村地区。此外，渑池县境内有多处矿产，工业发展提升了当地农村的经济水平，村内房屋和道路建设在一定程度上占用了庭院菜地用地；而嵩县农村地区的山区地貌特征更加突出，经济发展以及住房等基础设施建设均落后于渑池县，再加上嵩县地区有大量的河谷河滩，有利于开垦大面积的庭院菜地，因此嵩县农村地区菜地面积显著大于渑池县。

图 4-3　平原地区分布的菜地

图 4-4　山地地区分布的菜地

表 4-2 庭院菜地的种植面积（mean±SD，n=297） 单位：平方米

指标	平原地区		山地地区		总体均值	P
	武陟县	扶沟县	渑池县	嵩县		
菜地面积	56.25±35.24c	53.00±31.60c	76.84±32.94b	90.01±27.44a	69.23±35.13	0.000

注：显著差异（P<0.05）。

4.1.3 庭院菜地种植多样性

庭院菜地的种植多样性从菜地供给“质”的方面反映了庭院菜地保障饮食的能力，丰富的庭院菜地种植多样性可以更好地保障老年人的饮食多样性，尤其是在菜荒时期，因为菜荒时期蔬菜种类的减少会导致老年人增加购买支出和减少蔬菜饮食的多样性。

如图 4-5 所示，4 个县的庭院菜地种植多样性集中在 11~20 种，比例分别为 56%、75%、65%和 87%。武陟县有 41%的庭院菜地的蔬菜种植种类在 10 种及以下，高于其他 3 个县，而扶沟县、渑池县与嵩县庭院菜地的蔬菜种植种类在 10 种及以下的比例分别为 10%、5%与 4%。这表明扶沟县、渑池县和嵩县庭院菜地整体蔬菜种植多样性适中，而武陟县不足。

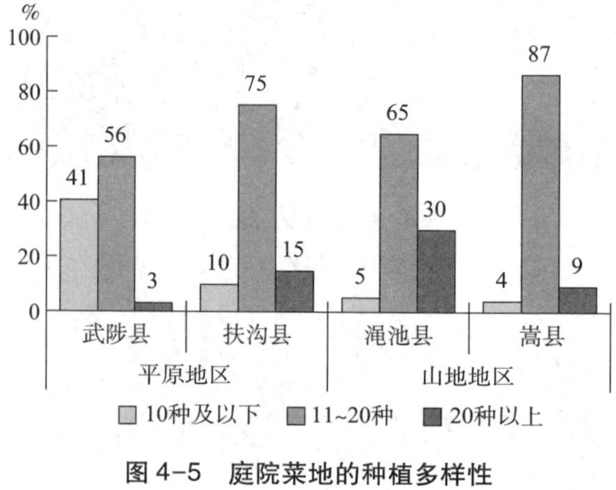

图 4-5 庭院菜地的种植多样性

由表 4-3 可知，总体来看，调查的 4 个县庭院菜地的种植多样性均值为 15.74（±4.68）种。据走访调查可知，老年人日常种植的蔬菜多为常见的品种，如白萝卜、白菜、蒜苗、大葱、韭菜、茄子、西红柿等。从地区来看，山地地区的庭院菜地种植多样性显著高于平原地区。这是由于山地地区老年人对庭院菜地的依赖性较高，山地地区老年人所种植的庭院菜地面积较大并且更注重日常管理，因此适宜种植的蔬菜种类较多；相较于山地地区，平原地区的老年人对庭院菜地的依赖性较低，并且对庭院菜地管理投入较少，对于不易种植和生产周期长的蔬菜种类，通常通过购买的方式获取，因此山地地区庭院菜地的种植多样性整体高于平原地区。

各地区间庭院菜地的种植多样性差异显著。对于山地地区，渑池县庭院菜地的种植多样性显著高于嵩县。这是因为相较于嵩县，渑池县的工业发展带动了老年人的蔬菜销售。据走访调查，当地工人社区拥有较大的市场潜力，老年人可以通过在工人社区附近销售蔬菜，以增加收入，因此该地区老年人具有较高的种植积极性，这同时也增加了庭院菜地的种植多样性。此外，工业发展带动了当地农村的基础设施建设，渑池县农村居民的用水便利性有了极大的提升，因此该地区庭院菜地的灌溉问题得到了有效的缓解，增加了渑池县老年人庭院菜地的种植多样性。嵩县地区虽然有陆浑水库以及多个河道，但用水便利性只惠及位于河谷的少数村庄，大部分位于半坡的村庄由于水位较低，用水依然无法得到有效保障。在居民用水困难的情况下，庭院菜地无法得到有效的灌溉，因此限制了嵩县庭院菜地的种植多样性。对于平原地区，武陟县庭院菜地的种植多样性显著低于扶沟县，造成这种差异的原因在于两地的销售状况不同。研究小组走访调查发现，武陟县老年人销售蔬菜的情况极少，而扶沟县由于菜贩进村收购，老年人拥有了便利的销售渠道，提升了其对庭院菜地的种植积极性，同时也丰富了庭院菜地的种植多样性。相对武陟县而言，扶沟县的农村老年人的生活水平较低，使得扶沟县的老年人更加热衷于蔬菜的种植与销售，使得扶沟县农村庭院菜地的种植多样性显著高于武陟县。整体而言，各县庭院菜地的种植多样性受不同因素的影响。

表 4-3 庭院菜地的种植多样性（mean±SD，n=297） 单位：种

指标	平原地区		山地地区		总体均值	P
	武陟县	扶沟县	渑池县	嵩县		
菜地种植种类数	11. 28±3. 97c	16. 28±4. 24b	18. 1±4. 39a	16. 52±3. 32b	15. 74±4. 68	0. 000

注：显著差异（$P<0.05$）。

4.2 庭院菜地的管理与投入

庭院菜地的管理与投入不同于传统蔬菜大棚，由于庭院菜地是老年人为解决蔬菜饮食问题而自发种植的，因此其管理和投入主要依据老年人家庭的自身情况而定，而非由市场环境主导。

4.2.1 种植习惯

关于庭院菜地的调查主要针对农村老年人进行访问，但部分受访人并不种植庭院菜地，因此本节讨论庭院菜地的种植习惯包括种菜人的年龄和庭院菜地存在的年数。如图 4-6 所示，对于种菜人年龄，4 个县均主要集中在 61~70 岁，只有少部分在 60 岁及以下和 70 岁以上。武陟县、扶沟县、渑池县与嵩县种菜老年人年龄为 61~70 岁的分别占比 67%、69%、65%与 76%；年龄在 60 岁及以下的占比分别为 14%、17%、21%与 17%；年龄在 70 岁以上的占比分别为 19%、14%、14%与 7%。对于庭院菜地存在的年数，武陟县和扶沟县主要集中在 10 年及以下，比例分别为 53%和 48%；渑池县和嵩县则主要集中在 11~20 年，比例分别为 48%和 49%。从整体上看，4 个县种植庭院菜地的老年人年龄主要集中于 61~70 岁。此外，山地地区的庭院菜地存在年数整体上高于平原地区。

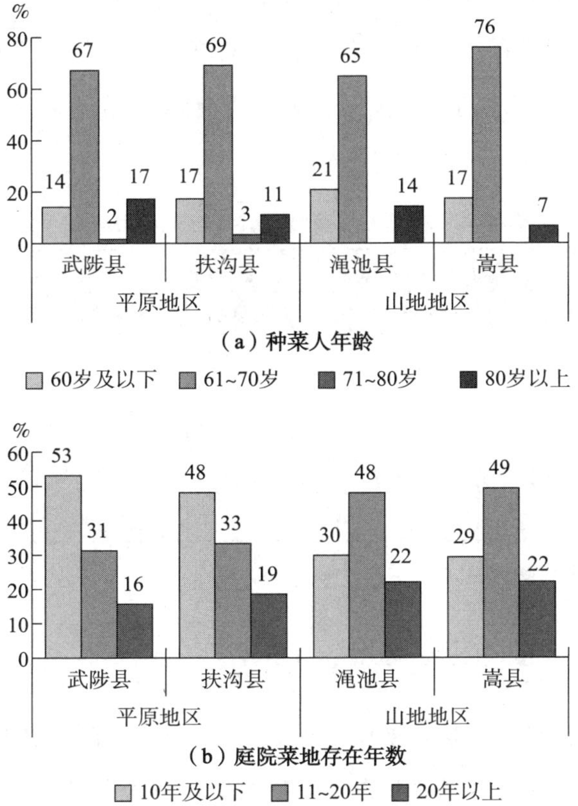

图 4-6　种植习惯

如表 4-4 所示，4 个县种植庭院菜地的老年人年龄均值为 65.14（±5.54）岁，且各县之间无显著差异，这表明 65 岁左右的老年人是种植庭院菜地的主力。4 个县庭院菜地存在年数的均值为 14.58（±8.97）年，这表明老年人种植庭院菜地的习惯由来已久。从不同地区来看，平原地区的庭院菜地种植年数显著低于山地地区。这可能是由于平原地区的农村现代化建设相对较快，使得平原地区的土地变动较多；山地地区农村发展滞后，因此庭院菜地的种植区域较为固定，存在时间也较长。研究小组走访调查发现，平原地区有些庭院菜地因道路、房屋建设而被占用或变更位置。此外，一些农用地几年一变更的政策也增加了庭院菜地重新分配的频率，进而影响了庭院菜地存在的年数。相较于平原地区，山地地区大多数庭院菜地很少变更，有些村庄的庭院菜地几十年都没有发生变动。由此可见，土地利用情况对于庭院菜地的种植年数具有较为明显的影响。

表 4-4 种菜人的情况（mean±SD，n=297）

指标	平原地区		山地地区		总体均值	P
	武陟县	扶沟县	渑池县	嵩县		
种菜人年龄/岁	66. 38±5. 89	64. 80±5. 47	65. 23±5. 77	64. 37±4. 98	65. 14±5. 54	0. 177
庭院菜地存在年数/年	12. 02±9. 16b	13. 12±7. 57b	16. 69±10. 62a	16. 19±7. 58a	14. 58±8. 97	0. 003

注：显著差异（P<0. 05）。

4. 2. 2 种植的劳动强度

庭院菜地种植的劳动强度反映了老年人种植庭院菜地的难易程度，不同地区自然地理条件的差异是老年人种植庭院菜地劳动强度的主要影响因素。过高的劳动强度，会导致老年人种植庭院菜地困难，降低老年人对庭院菜地种植的积极性，同时也会影响庭院菜地蔬菜的产量和种植多样性。如图 4-7 所示，平原地区的大部分受访老年人认为种植庭院菜地的劳动强度为较弱和一般，武陟县和扶沟县受访老年人认为种植庭院菜地的劳动强度较弱的比例分别为 39%和 30%，认为一般的比例分别为 34%和 44%。山地地区受访老年人普遍认为种植庭院菜地的劳动强度一般，渑池县和嵩县的受访老年人认为种植家庭菜地劳动强度为一般的比例分别为 68%和 50%。进一步研究发现，嵩县近半数受访老年人认为种植庭院菜地的劳动强度较强，比例为 45%。总体来看，样本地区受访老年人认为庭院菜地的种植劳动强度较为适中，但部分山地地区存在受访老年人认为种植庭院菜地的劳动强度较强的问题。

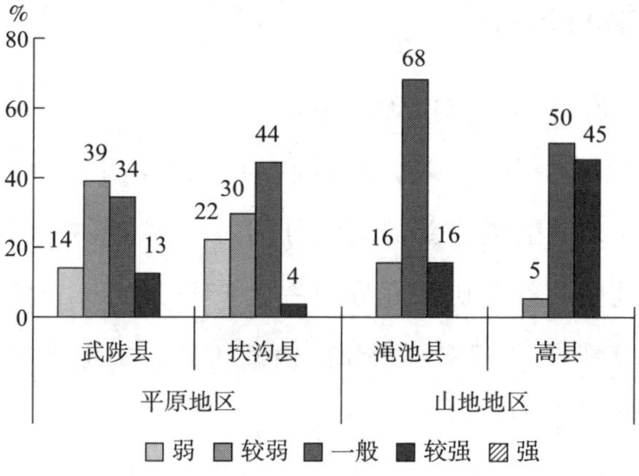

图 4-7 菜地种植的劳动强度

如表 4-5 所示，总体来看，山地地区种植庭院菜地的劳动强度显著高于平原地区。研究小组走访调查发现，这主要与庭院菜地的分布位置与管理方式的差异有关。山地地区的庭院菜地距离较远，地势不平，且需要运水灌溉，因此山地地区种植庭院菜地的劳动强度显著高于平原地区。从不同县来看，嵩县种植庭院菜地的劳动强度显著高于渑池县。这是由于嵩县的山地地貌更为突出。此外，渑池县工业发展带动了农村用水基础设施的建设，这不但极大地改善了庭院菜地的灌溉不便的问题，而且降低了渑池县老年人种植庭院菜地的劳动强度。总体来看，山地地区老年人种植庭院菜地的劳动强度高于平原地区，而地处山地地区的渑池县由于工业发展的带动作用，老年人种植庭院菜地的劳动强度低于同处于山地地区的嵩县。

表 4-5 菜地种植的劳动强度（mean±SD，n=297）

指标	平原地区		山地地区		总体均值	P
	武陟县	扶沟县	渑池县	嵩县		
劳动强度（1~5）	2. 45±0. 89c	2. 30±0. 86c	3. 00±0. 56b	3. 40±0. 59a	2. 79±0. 86	0. 000

注：显著差异（P<0. 05）。

4.2.3 菜地的围栏

据统计，在庭院菜地使用围栏方面（见图 4-8），平原地区（武陟县和扶沟县）没有使用庭院菜地围栏的受访家庭比例分别为 73%和 81%；使用庭院菜地围栏的受访家庭分别占比 27%和 19%。山地地区没有使用庭院菜地围栏的受访家庭分别占比 13%和 32%；使用庭院菜地围栏的受访家庭分别占比 87%和 68%。由此可知，山地地区的家庭使用庭院菜地围栏的情况更为普遍。

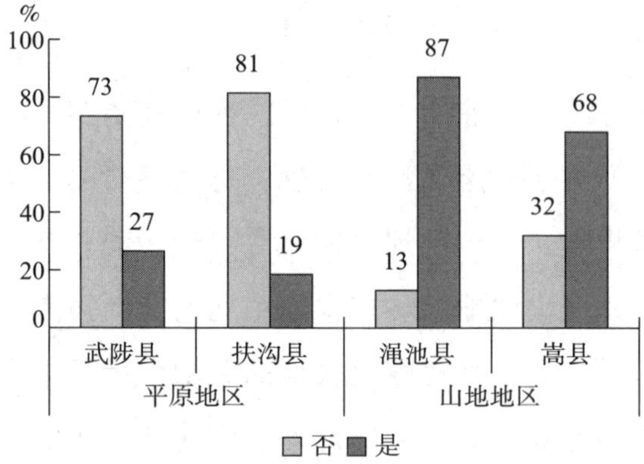

图 4-8 是否使用菜地围栏

由表 4-6 可知，整体上看，山地地区庭院菜地的围栏使用情况显著高于平原地区。据走访调查，平原地区饲养家畜的家庭较少，搭建庭院菜地围栏的主要目的是防止偷菜情况的发生，然而庭院菜地围栏对于人为破坏和偷菜的行为防范能力有限，因此平原地区受访家庭搭建庭院菜地围栏的情况较少。相较于平原地区，山地地区的老年人饲养家禽的情况更为普遍，且多为散养，导致庭院菜地被家禽（如牛、羊等）破坏的风险大大提高，因此山地地区搭建庭院菜地围栏的情况显著高于平原地区，这同时也说明了山地地区老年人更加重视对庭院菜地的管理。

从地区来看，渑池县使用庭院菜地围栏情况显著高于嵩县地区。走访调查得知，造成这种差异的原因在于，庭院菜地种植能提高家庭收入，渑池县老年人有出售蔬菜的习惯，所以更加注重对庭院菜地的防护，因此渑池县的围栏使用情况显著高于嵩县。

表 4-6　是否拥有菜地围栏（mean±SD，n=297）

指标	平原地区		山地地区		总体均值	P
	武陟县	扶沟县	渑池县	嵩县		
是否拥有围栏（是=1，否=0）	0. 27±0. 45c	0. 19±0. 39c	0. 87±0. 34a	0. 68±0. 47b	0. 51±0. 50	0. 000

注：显著差异（P<0. 05）。

4. 2. 4　菜地的灌溉

灌溉作为影响蔬菜生长的关键因素之一，对于老年人管理庭院菜地的方式有很大的影响。灌溉是保障蔬菜生产的重要前提，灌溉方式不仅影响老年人的种植行为，还影响着蔬菜的长势与产量。根据实际情况，在调查时将庭院菜地的灌溉分为雨水灌溉、挑水运水灌溉和水管接水灌溉 3 种方式。雨水灌溉表明当地的水资源极为匮乏，老年人种植庭院菜地的管理能力较差；挑水运水灌溉说明老年人对庭院菜地的灌溉投入较多劳动力，容易造成老年人种植困难的问题；水管接水灌溉说明灌溉较为便利，老年人对庭院菜地的管理较为容易。

如图 4-9 所示，不同地区的灌溉方式存在差异，平原地区的灌溉方式以水管接水灌溉为主，在武陟县和扶沟县的受访家庭中，通过水管接水灌溉的比例分别达到了 98%与 95%。山地地区灌溉方式较为复杂，渑池县受访家庭中雨水灌溉的占比达到了 40%，挑水运水灌溉的占比为 23%，水管接水灌溉的占比为 36%；在嵩县受访家庭中，雨水灌溉的占比为 51%，挑水运水灌溉的占比为 32%，水管接水灌溉的占比为 17%。由此可见，平原地区对庭院菜地的灌溉更为方便，绝大多数家庭都采用水管接水的方式进行灌溉，而山地地区庭院菜地的灌溉便利性较差，还存在一定数量通过雨

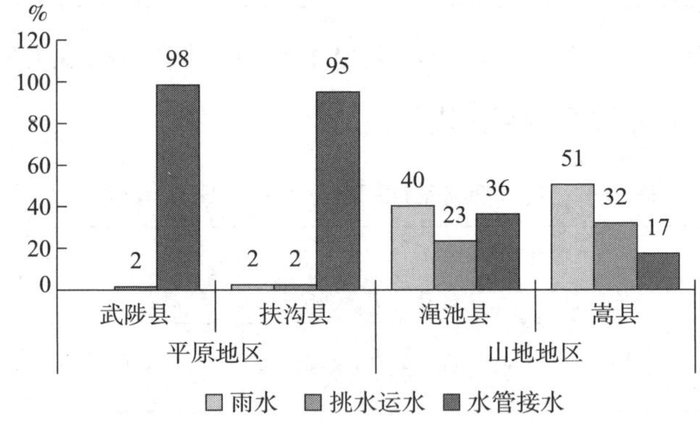

图 4-9　主要灌溉方式

水和挑水运水进行灌溉的家庭。

如表 4-7 所示，整体上看，平原地区的灌溉方式显著优于山地地区。灌溉方式的差异主要由平原地区和山地地区的城镇化水平和自然地理环境的不同造成。平原地区经济条件较好，水利设施完善，武陟县和扶沟县水资源较为丰富，水资源的利用更为方便，不少村落修有水渠、水井、水管等饮水与灌溉设施，分布于庭院内外的庭院菜地多通过水管接水的方式进行灌溉，而分布于村外的庭院菜地通过从附近的水井中提水的方式进行灌溉。由于山地地区土地涵养水源的能力较差，水资源相对匮乏，且空间分布不均，农村居民家庭用水本就已经相当困难，对于庭院菜地的灌溉用水更加难以保障。此外，山地地区的部分村庄位于地势较高的半坡，水资源输送极为困难，因此灌溉情况较差。从地区来看，渑池县灌溉情况显著优于嵩县。据走访调查，渑池县和嵩县的水资源分布不均，利用极为不便，且嵩县山地地貌不利于灌溉，该地区有多处水库和山谷河流，但只能被沿岸居住的居民利用，而位于山坡上的村庄则面临着吃水困难、用水困难的问题。渑池县建有大量工厂，工厂供水设施改善了附近居民的用水情况，因此渑池县的灌溉情况显著优于嵩县（见图 4-10、图 4-11）。

表 4-7　主要灌溉方式（mean±SD，n=297）

指标	平原地区		山地地区		总体均值	P
	武陟县	扶沟县	渑池县	嵩县		
灌溉方式（雨水=1，挑水运水=2，水管接水=3）	2. 98±0. 13a	2. 93±0. 35a	1. 96±0. 88b	1. 67±0. 76c	2. 37±0. 84	0. 000

注：显著差异（P<0. 05）。

图 4-10　平原地区庭院菜地灌溉设施

图 4-11　山地地区灌溉用水蓄水池

4. 2. 5　菜地的投入

4. 2. 5. 1　菜地的劳动投入

不同地区地势、蔬菜生长环境、灌溉方式等情况的不同，导致种植庭院菜地的劳动投入不同。不同蔬菜种类由于生长特性不同，需要不同的打理方式。此外，各类蔬菜所需的打理时间不同，投入的劳动力也不同。本节分析的庭院菜地劳动力投入用庭院菜地的种植人数和每周打理庭院菜地的时间来衡量。如图 4-12 所示，地处平原地区的武陟县与扶沟县种植庭院菜地人数为 1 人的家庭占比分别为 77%和 86%，种植庭院菜地人数为 2 人的家庭占比分别为 23%和 14%；地处山地地区的渑池县与嵩县种植庭院菜地人数为 1 人的家庭占比分别为 61%和 51%，种植庭院菜地人数为 2 人的家庭占比分别为 39%和 49%。由此可见，平原地区种植菜地的人数以 1 人为主，而山地地区种植庭院菜地的人数多为 1~2 人。从每周打理时间来看，平原地区受访老年人每周打理庭院菜地的时间多数在 3 小时及以下，武陟县与扶沟县受访老年人每周打理庭院菜地的时间在 3 小时及以下的占比分别为

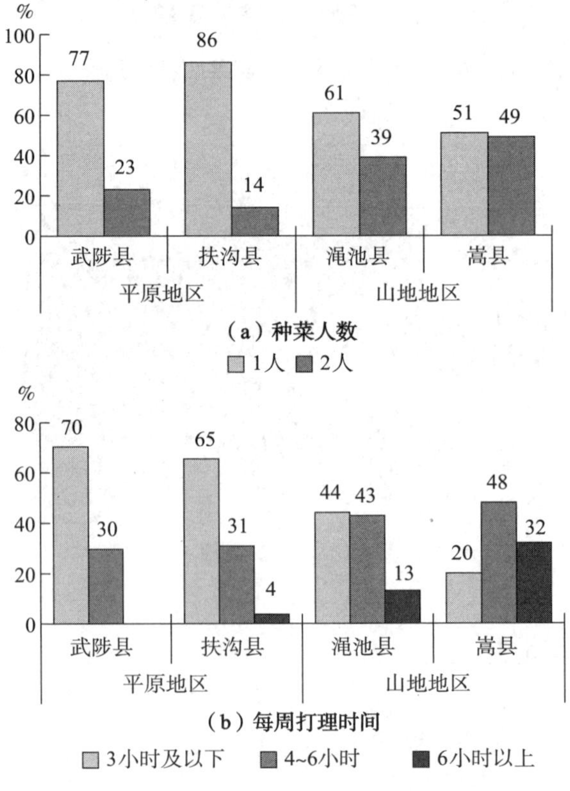

图 4-12　菜地的劳动投入

70%和65%。山地地区受访老年人会花费更多的时间用于打理庭院菜地，渑池县和嵩县受访老年人每周打理庭院菜地的时间在3小时及以下的占比分别为44%和20%，4~6小时的占比分别为43%和48%。此外，渑池县与嵩县分别有13%与32%的受访老年人每周会花费6小时以上的时间打理庭院菜地。这表明山地地区种植庭院菜地的劳动投入远高于平原地区。

由表4-8可知，山地地区不论种植庭院菜地的人数还是每周打理庭院菜地的时间均显著高于平原地区，其中嵩县受访老年人每周打理庭院菜地的时间显著高于渑池县。山地地区的菜地面积较大，庭院菜地围栏的使用情况较为普遍，再加上灌溉便利性较差，山地地区老年人种植庭院菜地时须投入更多的劳动人数与劳动时间，因此山地地区种植庭院菜地的劳动投入显著高于平原地区。虽然同处于山地地区，但是相较于渑池县，嵩县庭院菜地灌溉条件较差，当地老年人在灌溉庭院菜地时需要花费更多的时间，因此，嵩县受访老年人每周打理庭院菜地的时间显著高于渑池县。

表4-8　菜地的劳动投入（mean±SD，n=297）

指标	平原地区		山地地区		总体均值	P
	武陟县	扶沟县	渑池县	嵩县		
种菜人数/人	1.23±0.43b	1.14±0.34b	1.39±0.49a	1.49±0.50a	1.31±0.46	0.000
每周打理时间/（小时·人）	2.99±1.41c	3.35±1.42c	4.31±1.79b	5.56±2.24a	4.08±2.00	0.000

注：显著差异（P<0.05）。

4.2.5.2　化肥的使用

研究小组走访调查发现，庭院菜地种植对于施肥量的需求并不高，老年人出于对菜品质量和土壤轮作能力的考量，把粗肥作为主要肥料，这在农村地区较为普遍。如图4-13所示，平原地区受访老年人在种植庭院菜地时化肥使用的占比相对均衡，其中武陟县受访老年人化肥使用比重在30%及以下、31%~60%、60%以上的占比分别为38%、47%、15%，扶沟县受访老年人化肥使用比重在30%、31%~60%、60%以上的占比分别为

31%、33%、36%；山地地区的老年人在种植庭院菜地时化肥使用的比例主要集中在30%及以下，其中渑池县与嵩县受访老年人化肥使用比重在30%及以下的占比分别为66%、89%。这说明山地地区的老年人在种植庭院菜地使用化肥较少，而平原地区老年人在种植庭院菜地时使用化肥较多。

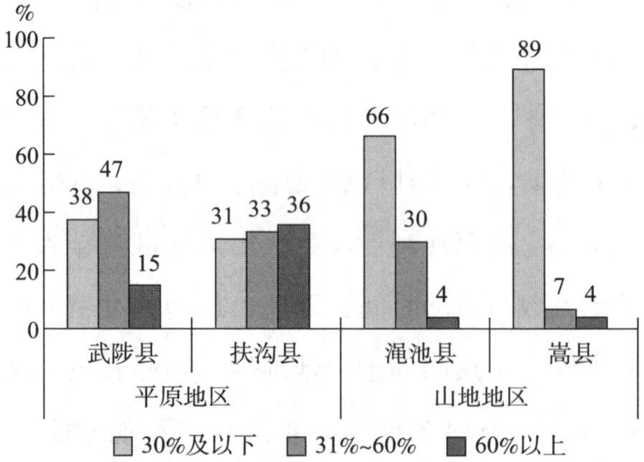

图 4-13　化肥使用所占比重

如表 4-9 所示，从总体均值来看，老年人在种植庭院菜地时使用化肥的比重较小，均值在33%左右。区分不同地区，平原地区化肥使用的平均比重显著高于山地地区。这主要因为山地地区老年人养殖的家禽较多，获取粗肥较为方便。此外，山地地区缺乏化肥购买渠道，且山地地区老年人收入低于平原地区，因此化肥使用的比重显著低于平原地区。进一步研究发现，同处于平原地区的扶沟县化肥使用占比显著高于武陟县，同处于山地地区的渑池县化肥使用占比显著高于嵩县。通过走访调查，研究小组了解到，扶沟县和渑池县老年人均有出售蔬菜的习惯，因此为保证菜品质量，这两个县的老年人提高了化肥的使用量。

表 4-9　化肥使用所占比重（mean±SD，*n*=297）　　单位：%

指标	平原地区		山地地区		总体均值	*P*
	武陟县	扶沟县	渑池县	嵩县		
化肥占比	42. 27±23. 69b	50. 68±25. 32a	26. 31±18. 68c	15. 43±17. 29d	33. 65±25. 51	0. 000

注：显著差异（$P<0.05$）。

4.2.5.3 庭院菜地的经济投入

庭院菜地的经济投入因受老年人家庭经济状况的影响而呈现出不同于传统蔬菜种植的特点，老年人对于庭院菜地的经济投入可根据自身条件适当调整；此外，老年人认为以食用为主的蔬菜并不需要过多的经济投入。庭院菜地的经济投入主要包括化肥花费、农药花费、地膜花费和种子花费。化肥的使用主要影响蔬菜的产量；农药的使用主要影响蔬菜的质量；地膜的使用主要影响蔬菜的生长周期，一些蔬菜的幼苗的培育，如西红柿幼苗、茄子幼苗可以通过使用地膜提高成活率；对于蔬菜种子的选择可以影响蔬菜生长整体的优良性。

如表 4-10 所示，从庭院菜地经济投入的总体均值来看，受访老年人需要花费更多的钱购买化肥和种子，其平均花销分别为 13.26（±9.91）元和 17.23（±9.72）元；而农药和地膜的平均花销分别为 3.78（±3.72 元）和 1.57（±1.78）元。这表明庭院菜地的经济投入主要用于购买化肥和种子。但总体来看，种植庭院菜地是一项低投入的农业生产方式，所需的经济投入仍处于较低水平。从不同县来看，渑池县的化肥花费和农药花费显著高于其他 3 个县。这可能是由于渑池县老年人出售蔬菜的情况较为普遍，而化肥和农药的使用可直接影响蔬菜的产量和质量，进而影响经济收入，因此渑池县受访老年人需要花费更多的钱用于购买化肥和农药。武陟县和渑池县的地膜花费显著高于其他两个县，这可能和这两个县的受访老年人种植知识掌握程度有关。武陟县和渑池县老年人对于地膜的使用较为了解，且更加重视蔬菜的生产效率；相比之下，扶沟县和嵩县老年人可能通过其他手段（如扩大种植面积等）来提高庭院菜地的产量。在购买种子的花费方面，山地地区受访老年人购买种子的整体花费高于平原地区，对于同处山地地区的渑池县与嵩县而言，后者受访老年人购买种子的支出显著高于前者；对于同处平原地区的武陟县与扶沟县而言，前者受访老年人购买种子的花费显著高于后者。研究小组走访调查时发现，山地地区使用自留菜种的老年人虽然高于平原地区，但根据两地老年人所提供的种子价格来看，山地地区种子价格高于平原地区，这可能是造成山地地区种子花费显著高于平原地区的主要原因。据农户反映，嵩县老年人购买种子的花费高于渑池县的原因为：嵩县庭院菜地的种植面积较大，导致受访老年人需要购买更多的种子，因此嵩县受访老年人购买种子的花费显著高于渑池县。据受访人反映，武陟县老年人购买种子的花费显著高于扶沟县的原因为：扶沟县农业发达，农村地区农用商店较多，商户为了吸引农户购买商品，会将种子作为赠品送给购买者，因此扶沟县老年人的种子花费显著低于武陟县。

表 4-10　庭院菜地的经济投入（mean±SD，n=297）　单位：元

指标	平原地区		山地地区		总体均值	P
	武陟县	扶沟县	渑池县	嵩县		
化肥花费	11.95±9.50b	11.59±7.74b	16.47±12.69a	12.88±8.39b	13.26±9.91	0.008
农药花费	3.95±4.04b	2.89±2.12b	5.19±3.71a	3.13±4.36b	3.78±3.72	0.000
地膜花费	1.89±1.91a	1.21±1.23b	2.25±1.62a	0.99±2.06b	1.57±1.78	0.000
种子花费	14.70±8.06c	11.81±5.34d	18.74±11.26b	23.68±8.92a	17.23±9.72	0.000

注：显著差异（P<0.05）。

4.3　庭院菜地的种植动机

农村地区老年人的生活饮食习惯不同于城市，农村老年人在拥有土地资源和劳动资源的情况下更倾向于自给自足而非购买的方式。随着生活水平的提高，农村老年人种植蔬菜的动机从单纯的果腹演变为提高收入、保持身体健康等。针对农村老年群体的生活和饮食需求，将老年人种植菜地的动机分为节省开支、提高收入、方便食用、安全健康、利用闲置土地和蔬菜饮食的重要性 6 个方面，并根据 1＝强烈不赞同，2＝不赞同，3＝不确定，4＝赞同，5＝强烈赞同确定各方面的分值。

4.3.1　经济因素

经济因素主要包括节省开支和提高收入的动机。如图 4-14 所示，从节省开支的动机来看，大多数受访老年人持赞同和强烈赞同的态度，其中平原地区受访老年人主要持赞同态度，山地地区受访老年人节省开支的动机更为强烈，主要持强烈赞同态度。具体来看，地处平原地区的武陟县与扶沟县受访老年人持赞同态度的比例分别为 75%与 79%，地处山地地区的渑池县与嵩县受访老年人持强烈赞同态度的比例分别为 85%和 89%。对于提高收入的动机，各县区的情况存在差异，武陟县受访老年人持不赞同态度的比例占多数，为 52%。扶沟县受访老年人持不确定和不赞同态度的比例分别为 38%和 28%。渑池县受访老年人持不赞同和赞同态度的比例分别为 32%和 45%。嵩县受访老年人持不赞同态度的比例为 44%。这表明节省开支是农村老年人种植庭院菜地的主要动机之一，而提高收入并不是农村老年人种植庭院菜地的主要动机。

由表 4-11 可知，4 个县的受访老年人种植庭院菜地的经济因素动机的统计结果存在显著差异。从节省开支的动机来看，山地地区受访老年人以节省开支为动机的分值显著高于平原地区。这是由于山地地区经济发展落后于平原地区，山地地区老年人生活与经济收入水平低于平原地区，导致山地地区受访老年人节省开支的动机更为强烈。

表 4-11　经济因素的动机对比（mean±SD，*n*=297）

指标	平原地区		山地地区		总体均值	*P*
	武陟县	扶沟县	渑池县	嵩县		
节省开支	4.17±0.52b	4.21±0.41b	4.83±0.41a	4.89±0.31a	4.54±0.53	0.000
提高收入	2.69±0.89b	3.09±1.01a	3.16±1.06a	2.57±1.14b	2.89±1.06	0.001

注：显著差异（$P<0.05$）。

从提高收入的动机来看，扶沟县和渑池县的受访老年人提高收入的动机显著高于其他两个县。据访谈了解，扶沟县农村地区有菜贩进村收购蔬

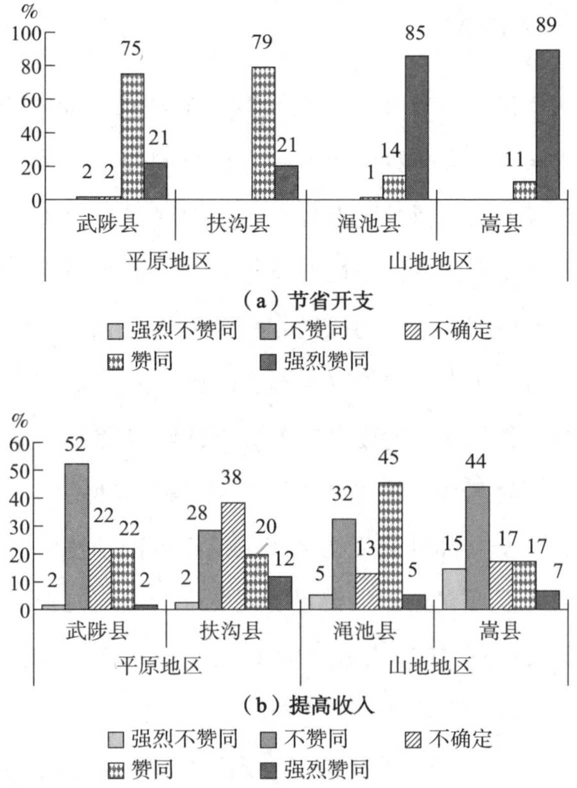

图 4-14　老年人种植庭院菜地的经济因素动机

菜，而渑池县有工人社区可供老年人出售蔬菜，这两个县的蔬菜销售市场都促进了当地老年人增加收入的欲望，增强了老年人种植庭院菜地以增加收入的动机。相比之下，武陟县和嵩县则缺少相应的蔬菜销售途径，因此以提高收入为动机而种植庭院菜地的老年人较少，老年人种植庭院菜地的动机依然停留在满足饮食需求的层面。这表明只要有合适的销售途径，庭院菜地对于增加老年家庭收入具有较大的潜力。

4.3.2　饮食因素

关于饮食习惯对庭院菜地的种植动机的影响主要考虑了方便食用、安全健康和蔬菜饮食的重要性 3 个方面。由图 4-15 可知，对于方便食用的动机，样本地区受访老年人主要持赞同和强烈赞同的态度，其中地处平原

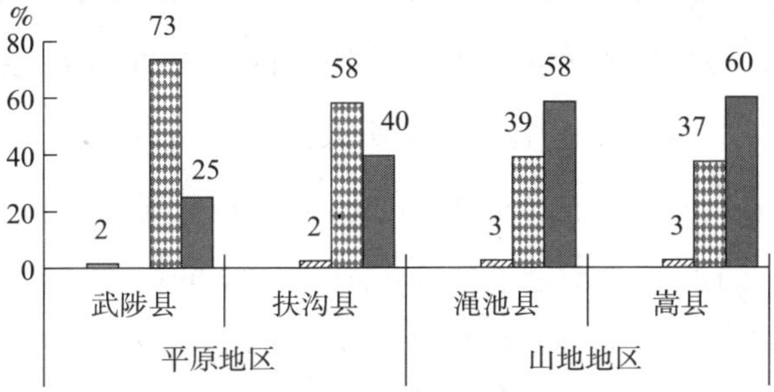

（a）方便食用

强烈不赞同　不赞同　不确定
赞同　强烈赞同

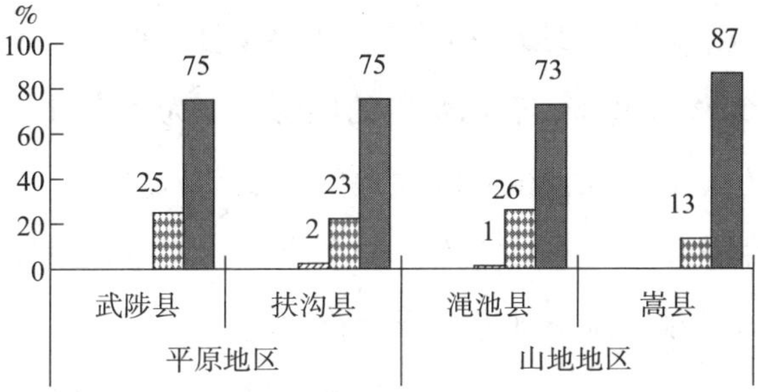

（b）安全健康

强烈不赞同　不赞同　不确定
赞同　强烈赞同

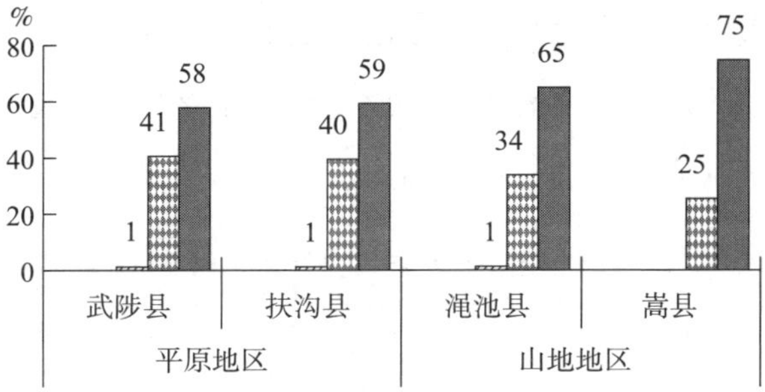

（c）蔬菜饮食的重要性

强烈不赞同　不赞同　不确定
赞同　强烈赞同

图 4-15　老年人种植庭院菜地的饮食因素动机

地区的武陟县和扶沟县的大部分受访老年人持赞同态度，占比分别为 73%和 58%。地处山地地区的渑池县和嵩县的大部分受访老年人持强烈赞同的态度，占比分别为 58%和 60%。这表明大多数受访老年人以方便自己食用为目的种植庭院菜地。在安全健康方面，样本地区老年人大多数持强烈赞同态度，4 个县的占比都超过了 70%，其中嵩县的占比达到了 87%，这表明安全健康是受访老年人种植庭院菜地的主要动机之一，同时也表明了受访老年人对健康的饮食结构较为重视。对于蔬菜饮食的重要性，各县受访老年人主要持赞同与强烈赞同的态度，其中地处平原地区的武陟县和扶沟县受访老年人表示强烈赞同的占比分别为 58%和 59%，表示赞同的占比分别为 41%和 40%；地处山地地区的渑池县和嵩县受访老年人表示强烈赞同的占比分别为 65%和 75%，表示赞同的比例分别为 34%和 25%。这表明蔬菜饮食的重要性是老年人种植庭院菜地的主要动机之一，并且农村老年人对蔬菜的摄入十分重视。总体来看，方便食用、安全健康和蔬菜饮食的重要性均为老年人种植庭院菜地的主要动机。

由表 4-12 可知，山地地区受访老年人对于庭院菜地方便食用的动机显著高于平原地区，老年人在安全健康和蔬菜饮食重要性方面的动机则无明显差异。这是由于山地地区老年人整体经济水平低于平原地区，生活在农村地区的老人由于距离蔬菜集市较远且道路交通不便，只能通过种植庭院菜地满足基本的蔬菜饮食需求。因此，山地地区的农村老年人以方便食用为目的种植庭院菜地的动机更为强烈。

表 4-12 饮食因素的动机对比（mean±SD，n=297）

指标	平原地区		山地地区		总体均值	P
	武陟县	扶沟县	渑池县	嵩县		
方便食用	4. 22±0. 52b	4. 37±0. 53b	4. 56±0. 55a	4. 57±0. 55a	4. 44±0. 55	0. 000
安全健康	4. 75±0. 44	4. 73±0. 50	4. 71±0. 48	4. 87±0. 34	4. 76±0. 45	0. 141
蔬菜的重要性	4. 56±0. 53	4. 58±0. 52	4. 64±0. 51	4. 75±0. 44	4. 63±0. 50	0. 112

注：显著差异（P<0. 05）。

4.3.3 土地利用因素

对于土地利用因素的动机而言，存在两方面的影响因素，首先为农村地区是否拥有合适的土地供老年人开垦，其次为老年人开垦的菜地是否便于种植。如图 4-16 所示，样本地区多数老年人对利用闲置土地的动机主要持赞同和强烈赞同的态度，其中武陟县选择赞同的人数占比达到 69%，扶沟县表示赞同和强烈赞同的占比分别为 52%和 43%，渑池县表示赞同和强烈赞同的占比分别为 51%和 43%，嵩县表示赞同和强烈赞同的占比分别为 29%和 59%，这表明利用闲置的土地是受访老年人种植庭院菜地的重要动机。

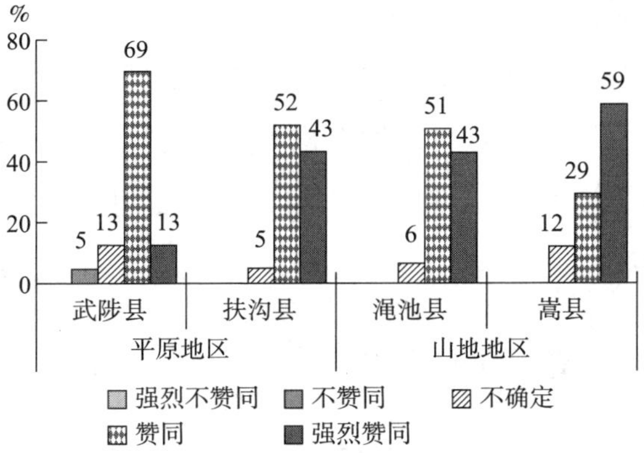

图 4-16　老年人种植庭院菜地的土地利用因素动机

由表 4-13 可知，对于利用闲置土地，武陟县的得分显著低于其他 3 个县。这主要是由于武陟县农村地区将闲置的荒地统一开垦为菜地，并分配到每家每户，因此该地区老年人对闲置土地的利用意愿较低。而其他 3 个县的老年人为了不让土地闲置荒废，具有更强烈的动机将闲置土地开垦为庭院菜地。

表 4-13 土地利用因素的动机对比（mean±SD，n=297）

指标	平原地区		山地地区		总体均值	P
	武陟县	扶沟县	渑池县	嵩县		
利用闲置土地	3.91±0.66b	4.38±0.58a	4.36±0.61a	4.47±0.70a	4.30±0.67	0.000

注：显著差异（P<0.05）。

4.4 庭院菜地种植的障碍

河南作为农业大省，自古以来就有农民依赖土地耕作养家糊口的生存习惯，但庭院菜地的种植又与传统耕作方式不同，加上老年人群体的特殊性，其种植的障碍因素与传统耕作方式也有不同。对于庭院菜地种植存在的障碍，本节从庭院菜地种植的生产资料购买不便、生产资料价格过高、菜地灌溉不便、菜地距离远、菜地面积小、劳动时间长、劳动强度大、缺乏种植知识、缺乏技术指导、菜地被占用 10 个方面进行分析，根据 1=强烈不赞同，2=不赞同，3=不确定，4=赞同，5=强烈赞同确定各部分的分值。

4.4.1 生产资料获取困难

生产资料的获取障碍主要包括菜地种植的生产资料购买不便和生产资料价格过高两个方面。生产资料购买不便是指由于农贸商店较少或距离家庭较远，加之交通便利性较差，造成生产资料购买不便。生产资料价格过高是指由于种植家庭蔬菜所需的化肥、农药、种子等生产资料的价格过高，增加了农村老年人的经济负担。

如图 4-17 所示，从不同地区来看，对于生产资料购买不便，平原地区大多数受访老年人持不赞同态度，武陟县和扶沟县受访老年人的占比分别为 80%和 76%；山地地区大多数受访老年人则持赞同和强烈赞同的态度，渑池县受访老年人持赞同态度的比例为 47%，嵩县受访老年人持强烈赞同态度的比例为 69%。这表明平原地区的购买便利性优于山地地区。

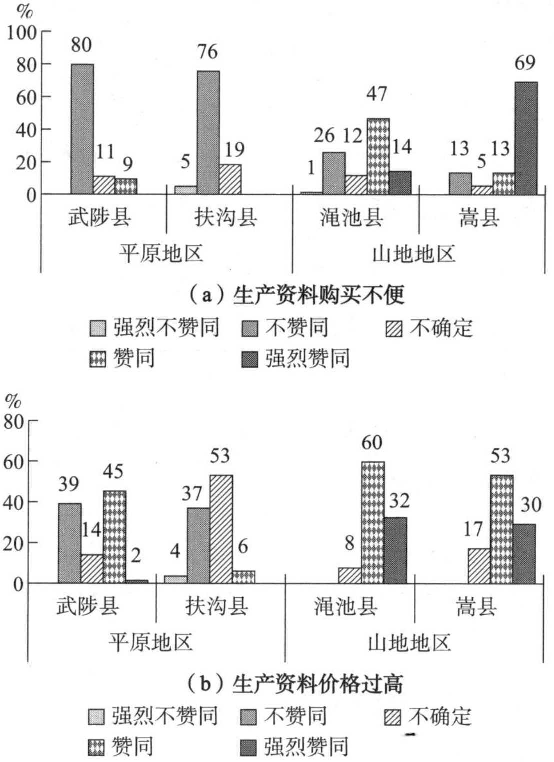

图 4-17　生产资料获取困难的障碍

对于生产资料价格过高，武陟县受访老年人持不赞同和赞同的态度的占比分别为 39% 和 45%；扶沟县多数受访老年人持不确定的态度，占比为 53%；渑池县和嵩县大多数受访老年人持赞同和强烈赞同的态度，其中持赞同态度的比例分别为 60% 和 53%，持强烈赞同态度的占比分别为 32% 和 30%。这表明武陟县和扶沟县存在生产资料价格过高的问题，而渑池县和嵩县既存在生产资料购买不便又存在生产资料价格过高的问题。

如表 4-14 所示，山地地区生产资料购买不便和生产资料价格过高的障碍显著高于平原地区。这主要是由于山地地区的地形地貌增加了老年人前往农贸市场的时间与经济成本，导致山地地区老年人在购买化肥、农药等生产资料时极为不便。此外，由于市场因素的影响，山地地区生产资料的价格高于平原地区，导致山地地区老年人购买生产资料的经济负担较重，获取生产资料较为困难。进一步研究发现，虽然同处于山地地区，但嵩县受访老年人获取生产资料的难度显著高于渑池县，这主要是由于嵩县的山地地貌更为突出，农村距离城镇较远，交通较为不便。扶沟县生产资料价格过高的障碍分值显著低于武陟县，这是由于扶沟县商户为鼓励农户购买自家商品，推出了免费赠送菜种的优惠措施。

表 4-14　生产资料获取困难的障碍对比（mean±SD，*n*=297）

指标	平原地区		山地地区		总体均值	*P*
	武陟县	扶沟县	渑池县	嵩县		
生产资料购买不便	2.30±0.63c	2.14±0.47c	3.47±1.07b	4.36±1.07a	3.08±1.25	0.000
生产资料价格过高	3.09±0.95b	2.62±0.66c	4.25±0.59a	4.12±0.68a	3.52±1.00	0.000

注：显著差异（$P<0.05$）。

4.4.2　菜地的种植障碍

4.4.2.1　菜地灌溉不便

对于菜地灌溉不便，总体来看，地处平原地区的武陟县和扶沟县大多数受访老年人持不赞同的态度，占比分别为92%和91%；山地地区大多数受访老年人持强烈赞同的态度，其中渑池县和嵩县的占比分别为63%和74%。这表明平原地区的老年人在种植庭院菜地时所面临的灌溉问题较少，而山地地区老年人在种植庭院菜地时需要面临较为严重的灌溉问题（见图 4-18）。

如表 4-15 所示，山地地区灌溉不便的障碍分值显著高于平原地区，对于同处于山地地区的渑池县与嵩县而言，后者面临的灌溉不便的问题更为严峻。这是由于山地地区的老年人多以挑水运水和雨水的方式对庭院菜地进行灌溉，且相较于渑池县，嵩县的老年人用水更为困难；平原地区水利设施完善，老年人用水方便，多运用水管接水的方式进行灌溉，因此山地地区灌溉不便的问题较平原地区更为严峻。

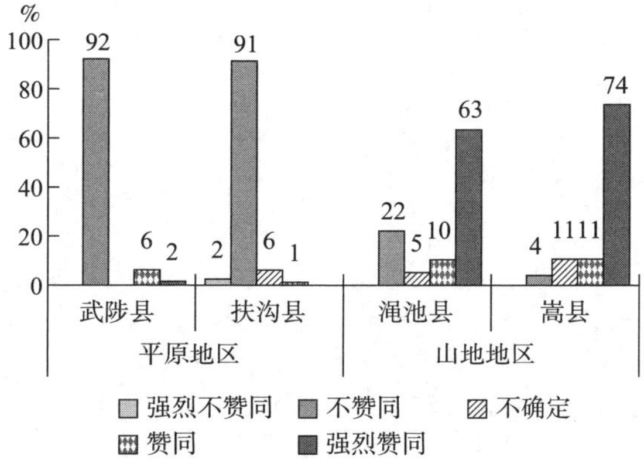

图 4-18 菜地灌溉不便的障碍

表 4-15 灌溉不便的障碍对比（mean±SD，*n*=297）

指标	平原地区		山地地区		总体均值	*P*
	武陟县	扶沟县	渑池县	嵩县		
菜地灌溉不便	2. 17±0. 61c	2. 06±0. 37c	4. 13±1. 25b	4. 56±0. 84a	3. 25±1. 40	0. 000

注：显著差异（$P<0.05$）。

4. 4. 2. 2 菜地距离远

由图 4-19 可知，在所调查的 4 个县中，对于菜地距离远的障碍，武陟县、扶沟县和渑池县的绝大多数受访老年人都持不赞同的态度，占比均超过了 80%，其中地处平原地区的武陟县与扶沟县受访老年人中持不赞同态度的比例分别为 88%和 90%；嵩县的受访老年人中，持不赞同态度的比例仅为 37%，还有部分受访老年人持赞同与强烈赞同的态度，综合占比为 23%。这表明嵩县受访老年人对庭院菜地距离远的障碍的感知较为明显，而其他 3 个县的受访老年人感知较弱。

由表 4-16 可知，对于庭院菜地距离远的障碍分值，嵩县显著高于其他 3 个县，这是由于嵩县农户所居住的区域山地地势较为突出，附近可利用土地较少，且由于灌溉多依赖降雨，因此庭院菜地的选址与地形有极大的关系，这导致嵩县的庭院菜地一般距离农户家较远。

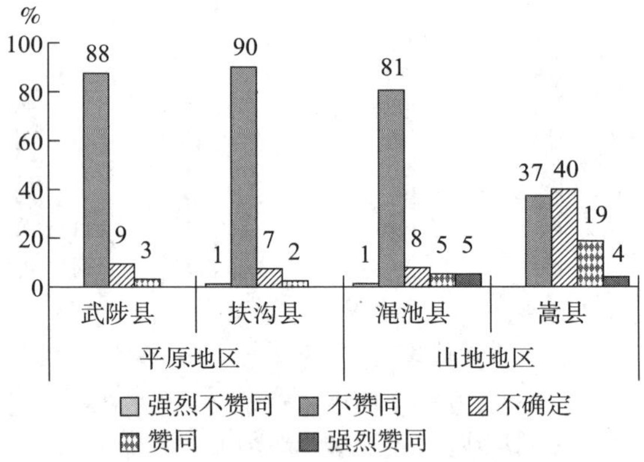

图 4-19　菜地距离远的障碍

表 4-16　菜地距离远的障碍对比（mean±SD，n=297）

指标	平原地区		山地地区		总体均值	P
	武陟县	扶沟县	渑池县	嵩县		
菜地距离远	2. 16±0. 44b	2. 11±0. 42b	2. 32±0. 82b	2. 89±0. 85a	2. 37±0. 73	0. 000

注：显著差异（P<0. 05）。

4. 4. 2. 3　菜地面积小

如图 4-20 所示，对于菜地面积小的障碍，武陟县、渑池县和嵩县的多数老年人都表示不赞同，占比分别为 70%、77%和 65%；扶沟县多数老年人持不确定态度，占比为 65%。由此可知，扶沟县存在一定程度的菜地面积小的问题，而其他 3 个县庭院菜地的面积可以满足大部分老年人的需求。

如表 4-17 所示，扶沟县庭院菜地面积小的分值显著高于其他 3 个县，主要原因是走访调查时期，扶沟县农村地区正值村内规划建设，庭院菜地被占用、破坏的情况较多，大大缩减了当地老年人的庭院菜地的种植面积。

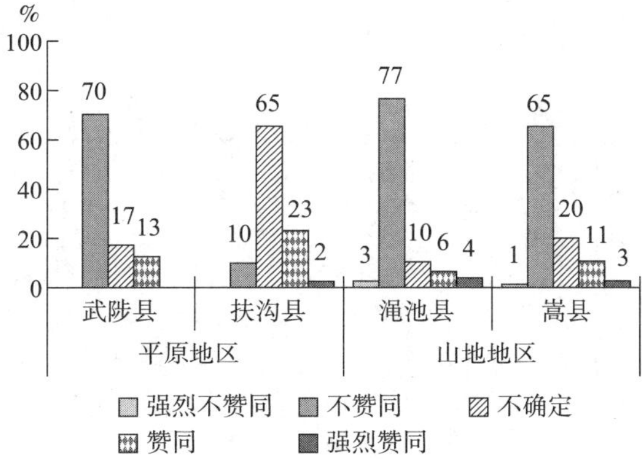

图 4-20　菜地面积小的障碍

表 4-17　菜地面积小的障碍对比（mean±SD，n=297）

指标	平原地区		山地地区		总体均值	P
	武陟县	扶沟县	渑池县	嵩县		
菜地面积小	2. 42±0. 71b	3. 17±0. 63a	2. 32±0. 80b	2. 48±0. 81b	2. 62±0. 81	0. 000

注：显著差异（P<0. 05）。

4. 4. 2. 4　劳动时间长

如图 4-21 所示，在劳动时间长的障碍因素中，武陟县和扶沟县的多数受访老年人表示不赞同，占比分别为 75%和 64%；渑池县多数受访老年人持不确定的态度，占比达到了 85%；嵩县相较于前 3 个县持赞同态度的受访老年人较多，占比为 34%。这表明对于武陟县、扶沟县与渑池县的受访老年人来说，劳动时间长的障碍因素较小，而嵩县的受访老年人在种植庭院菜地时存在劳动时间长的问题。

如表 4-18 所示，对于菜地劳动时间长的障碍分值，山地地区显著高于平原地区，这主要是由于山地地区的自然地理条件导致了种植庭院菜地需要更多的劳动时间。

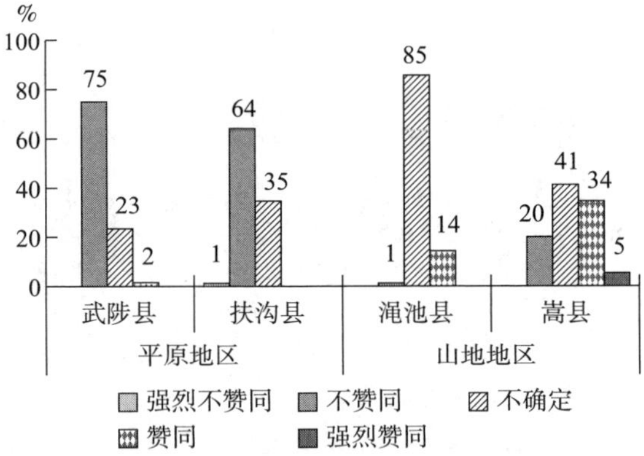

图 4-21　菜地劳动时间长的阻碍

表 4-18　菜地劳动时间长的障碍对比（mean±SD，n=297）

指标	平原地区		山地地区		总体均值	P
	武陟县	扶沟县	渑池县	嵩县		
劳动时间长	2. 27±0. 48b	2. 33±0. 50b	3. 13±0. 38a	3. 24±0. 84a	2. 75±0. 72	0. 000

注：显著差异（P<0. 05）。

4. 4. 2. 5　劳动强度大

由图 4-22 可知，武陟县和扶沟县的受访老年人多数持不赞同的态度，占比分别为 72%和 57%；渑池县受访老年人持不确定态度的比例高达 92%；嵩县受访老年人持赞同态度的比例为 48%。这表明嵩县受访老年人在种植庭院菜地时存在劳动强度大的问题，其他 3 个县的受访老年人劳动强度较小。

由表 4-19 可知，山地地区劳动强度大的障碍分值显著大于平原地区，对于同处于山地地区的渑池县与嵩县而言，后者劳动强度的障碍分值高于前者。这主要是由于山地地区的地形导致老年人在种植庭院菜地的过程中需要人工运水进行灌溉，因此山地地区种植庭院菜地的劳动强度显著大于平原地区。此外，嵩县的山地地形更为突出，因此嵩县受访老年人种植庭院菜地的劳动强度显著大于渑池县。

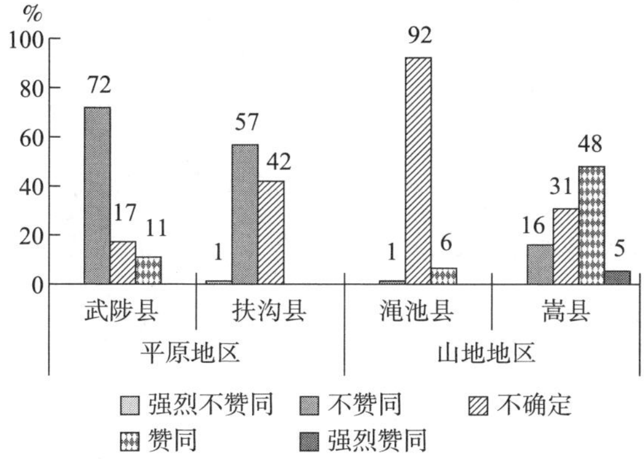

图 4-22 菜地劳动强度大的障碍

表 4-19 菜地劳动强度大的障碍对比（mean±SD，n=297）

指标	平原地区		山地地区		总体均值	P
	武陟县	扶沟县	渑池县	嵩县		
劳动强度高	2. 39±0. 68c	2. 41±0. 52c	3. 05±0. 28b	3. 43±0. 82a	2. 83±0. 74	0. 000

注：显著差异（P<0. 05）。

4. 4. 3 缺少种植方法

如图 4-23 所示，对于缺乏种植知识的阻碍，平原地区大多数受访老年人持不确定与赞同的态度，武陟县的受访老年人中，持不确定态度的比例为 42%，持赞同态度的比例为 48%；扶沟县的受访老年人中，持不确定态度的比例为 21%，持赞同态度的比例为 75%。山地地区的受访老年人对于缺乏种植知识的阻碍主要持赞同和强烈赞同的态度，渑池县和嵩县持赞同态度的比例分别为 56% 和 41%，持强烈赞同态度的比例分别为 42% 和 49%。这表明平原地区和山地地区的受访老年人在种植庭院菜地时受缺乏种植知识的影响均较大。

对于缺乏技术指导的阻碍，扶沟县、渑池县和嵩县的受访老年人多数持赞同和强烈赞同的态度，其中扶沟县受访老年人持赞同态度的比例为

85%，渑池县和嵩县的受访老年人持强烈赞同态度的比例分别为 66% 和 59%。武陟县持不同态度的受访老年人比例较为平均，其中，持不确定态度的比例为 42%，持赞同态度的比例为 30%，持强烈赞同态度的比例为 28%。这表明扶沟县、渑池县与嵩县的受访老年人在种植庭院菜地时受缺乏技术指导的影响较大，而武陟县受访老年人在种植庭院菜地时受缺乏技术指导的影响较小。

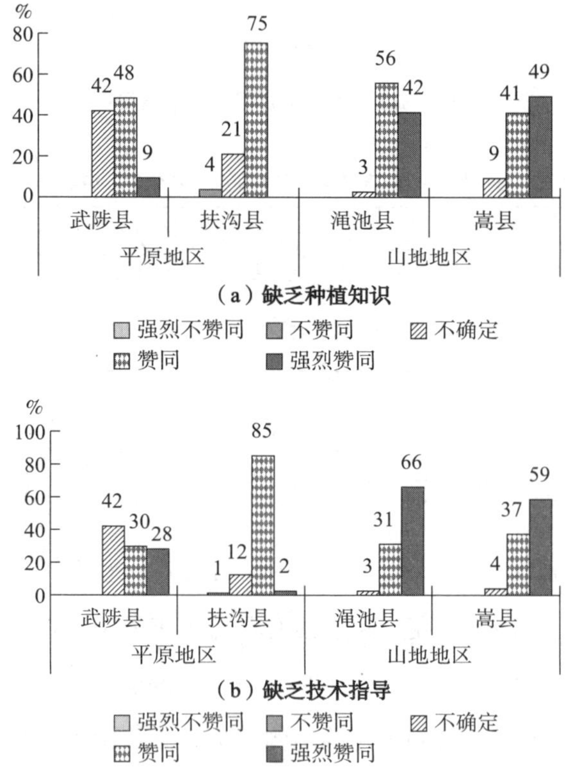

图 4-23　缺少种植方法的障碍

如表 4-20 所示，在缺乏种植知识和缺乏技术指导这两个障碍因素中，山地地区的分值均显著高于平原地区。这主要是由于山地地区交通不便，老年人缺乏与外界的沟通渠道，获取菜种选取、蔬菜种植方法等知识时较为困难。

表 4-20　缺少种植方法的障碍对比（mean±SD，n=297）

指标	平原地区		山地地区		总体均值	P
	武陟县	扶沟县	渑池县	嵩县		
缺乏种植知识	3.67±0.64b	3.72±0.53b	4.39±0.54a	4.40±0.66a	4.05±0.69	0.000
缺乏技术指导	3.86±0.83b	3.89±0.42b	4.64±0.54a	4.55±0.58a	4.24±0.69	0.000

注：显著差异（$P<0.05$）。

4.4.4　菜地缺少规划

由于对庭院菜地位置的不合理规划，庭院菜地在房屋和道路建设时遭到破坏或占用。

如图 4-24 所示，对于庭院菜地被占用的阻碍，武陟县、渑池县和嵩县的多数受访老年人持不赞同的态度，占比分别为 64%、44% 和 59%。扶沟县受访老年人持强烈赞同态度的比例较高，为 44%。这表明庭院菜地被占用的障碍在扶沟县农村地区较为突出，而在其他 3 个县较为一般。

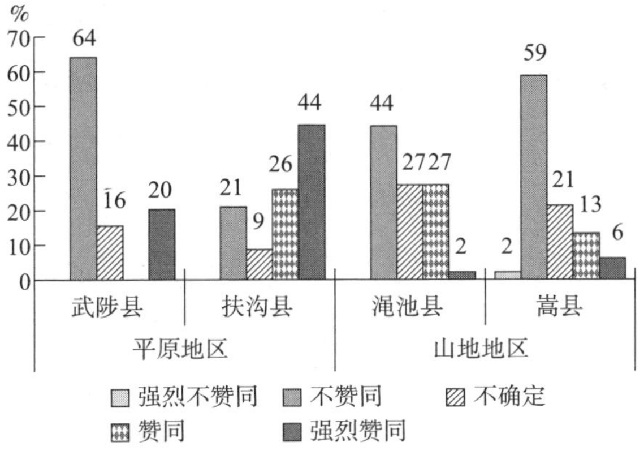

图 4-24　菜地被占用的障碍

如表 4-21 所示，关于菜地被占用的障碍分值，扶沟县显著高于其他 3 个县。走访调查时发现，扶沟县多个村庄正在修缮道路，导致曾经可以作为庭院菜地的土地在修建水泥路面后无法种植。此外，水泥路面也限制了老年人在庭院外种植庭院菜地。据老年人反映，因为新农村建设和村庄街道整治等工程，一些庭院菜地由于用地不规范而遭到清理。这些原因共同导致了扶沟县受访老年人认为菜地被占用是种植庭院菜地的主要障碍。

表 4-21　菜地被占用的障碍对比（mean±SD，n=297）

指标	平原地区		山地地区		总体均值	P
	武陟县	扶沟县	渑池县	嵩县		
菜地被占用	2.77±1.19b	3.94±1.18a	2.86±0.87b	2.63±0.93b	3.07±1.17	0.000

注：显著差异（P<0.05）。

4.5　农村庭院菜地面临的机遇和威胁

4.5.1　庭院菜地面临的机遇

社会主义新农村规划是农村菜地面临的机遇。新农村规划的对象是农民，在居住区规划时应当采纳农民的合理建议。农村菜地对居民生活意义重大，菜地的存在有很大必要性。在规划居住区时，应给每户家庭留出一定面积的菜地，保障居民饮食中蔬菜的供应量和老年人的精神需求。社会主义新农村建设的核心是增加农民收入，农民收入提高，对菜地的经济依赖减轻，菜地面积不够用而到处开辟小菜地的紧张局面得到缓解，菜地的分布趋于集中。而集中化的菜地会让日常的打理变得简单，管理更加方便。统一规划后，菜地的位置和面积有了限定，对村容有一定的美化作用。

4.5.2　庭院菜地面临的威胁

社会主义新农村规划是党的十六大以来的重要决策，为了解决农村和农民问题，国家把建设资金的投入更多地转向农村，按照“生产发展、生活宽裕、乡风文明、村容整洁、管理民主”的要求对农村进行规划。农村庭院菜地布局散乱，房前屋后和街道两侧的菜地严重影响了村容整洁，这部分菜地在新农村规划中可能面临整改。对农村空心化问题和农村居民点整理潜力的研究越来越多，合理回收利用空置、废弃的旧宅基地的建议和迁村并点的“中心村”理论都会减少目前农村庭院菜地的面积。住宅区周围菜地面积的大量减少，对庭院菜地的发展可能会造成一定的阻碍。农村庭院菜地面积的减少在一定程度上降低了蔬菜的供给量，影响了农民的日常生活，同时增加了农民家庭的购菜成本，间接增加了农户的日常支出。在废弃宅基地的拆除过程中，一些家庭会失去最主要的菜地。在自家农田开辟菜地距离较远，不便于日常的采摘和打理，这也是很多家庭在住宅区开辟菜地的主要原因。

5

生活型庭院菜地种植面积影响因素研究

5.1 理论基础和研究假设

5.1.1 研究方法

上文分析、讨论了农村老年人生活饮食状况和庭院菜地的种植情况，使我们对老年人种植庭院菜地的动机有了初步了解，本章运用SPSS统计分析中的Pearson相关性分析，探讨样本地区庭院菜地种植面积的影响因素。此外，在进行相关分析的基础上，运用因子分析深入研究各相关因素对庭院菜地种植面积的影响情况。

5.1.2 研究假设

基于上述研究方法以及前文关于老年人及家庭的特征、生活型庭院菜地的功能、庭院菜地的现状、庭院菜地的管理与投入、庭院菜地的种植动机、庭院菜地种植的障碍的初步分析，本节提出以下假设：

庭院菜地种植面积的潜在影响因素包括：

（1）老年人针对菜荒时期的应对措施。老年人在面临庭院菜地蔬菜供应不足时，选择增加购买蔬菜，在一定程度上反映了老年人对蔬菜获得途径的选择，从而对庭院菜地的种植面积产生影响。

（2）庭院菜地的功能。包括庭院菜地保障老年人的蔬菜饮食以及老年人通过种植庭院菜地活动身体两个方面，在一定程度上提高老年人种植庭院菜地的积极性，从而扩大了庭院菜地的种植面积。

（3）种植庭院菜地的动机。包括节省开支、提高收入、利用闲置土地、蔬菜饮食的重要性 4 个方面，不同的动机对于蔬菜产量的需求可能会存在不同，进而影响庭院菜地的种植面积。

（4）种植庭院菜地的障碍。包括生产资料购买不便、生产资料价格过高、缺乏种植知识、缺乏技术指导、菜地被占用 5 个方面，这些种植障碍可能会降低老年人的种植庭院菜地的积极性，进而影响庭院菜地的种植面积。

（5）庭院菜地的种植情况。包括庭院菜地到家庭的距离、种菜人年龄、庭院菜地存在年数、种植庭院菜地的经济投入、种植庭院菜地的劳动强度、庭院菜地的灌溉方式 6 个方面。不同的种植和管理情况，可能会影响庭院菜地的种植面积。

（6）老年人的家庭特征。包括户主性别、是否和子女共同居住、家庭实际居住人口、家庭主要收入来源、家庭年均收入 5 个方面。老年人的家庭特征影响着其种植庭院菜地的意愿，进而影响庭院菜地的种植面积。

5.1.3 数据处理

关于庭院菜地种植面积的影响因素分析，设置因变量为人均庭院菜地种植面积，自变量为上文中所假设的庭院菜地种植面积的影响因素，本节分析的数据均来自上文中的统计结果。为了量化指标，对不同的变量类型采取不同的定义方式，其中因变量 Y 定义为家庭人均菜地面积；自变量 X 定义为老年人针对菜荒时期的应对措施，庭院菜地的功能，种植庭院菜地的动机、障碍。老年人针对菜荒时期的应对措施、庭院菜地的功能、种植庭院菜地的动机以及种植庭院菜地的障碍这 4 种自变量的赋值均采用 Likert 五级测度法：1＝强烈不赞同，2＝不赞同，3＝不确定，4＝赞同，5＝

强烈赞同。庭院菜地的种植情况与老年人家庭特征这两种因变量的赋值方法为根据实际调查结果进行赋值。因变量的详细赋值情况见表 5-1。

表 5-1　因变量赋值结果

变量类别	变量名称	变量定义
老年人针对菜荒时期的应对措施	增加购买（1~5）	强烈不赞同=1，不赞同=2，不确定=3，赞同=4，强烈赞同=5
庭院菜地的功能	保障饮食（1~5）	强烈不赞同=1，不赞同=2，不确定=3，赞同=4，强烈赞同=5
	活动身体（1~5）	强烈不赞同=1，不赞同=2，不确定=3，赞同=4，强烈赞同=5
种植庭院菜地的动机	节省开支（1~5）	强烈不赞同=1，不赞同=2，不确定=3，赞同=4，强烈赞同=5
	提高收入（1~5）	强烈不赞同=1，不赞同=2，不确定=3，赞同=4，强烈赞同=5
	利用闲置土地（1~5）	强烈不赞同=1，不赞同=2，不确定=3，赞同=4，强烈赞同=5
	蔬菜饮食的重要性（1~5）	强烈不赞同=1，不赞同=2，不确定=3，赞同=4，强烈赞同=5
种植庭院菜地的障碍	生产资料购买不便（1~5）	强烈不赞同=1，不赞同=2，不确定=3，赞同=4，强烈赞同=5
	生产资料价格过高（1~5）	强烈不赞同=1，不赞同=2，不确定=3，赞同=4，强烈赞同=5
	缺乏种植知识（1~5）	强烈不赞同=1，不赞同=2，不确定=3，赞同=4，强烈赞同=5
	缺乏技术指导（1~5）	强烈不赞同=1，不赞同=2，不确定=3，赞同=4，强烈赞同=5
	菜地被占用（1~5）	强烈不赞同=1，不赞同=2，不确定=3，赞同=4，强烈赞同=5
庭院菜地的种植情况	庭院菜地到家庭的距离/米	按实际距离
	种菜人年龄/岁	按实际年龄
	庭院菜地存在年数/年	按实际年数
	种植庭院菜地的经济投入/元	按实际花费
	种植庭院菜地的劳动强度（1~5）	弱=1，较弱=2，一般=3，较强=4，强=5
	灌溉方式（1、2、3）	雨水=1，挑水运水=2，水管接水=3

续表

变量类别	变量名称	变量定义
老年人家庭特征	户主性别（0、1）	男=0，女=1
	是否和子女共同居住（0、1）	否=0，是=1
	家庭实际居住人口/人	按实际人口
	家庭主要收入来源（1~5）	农业收入=1，养老金=2，最低生活保障金=3，子女补贴=4，其他=5
	家庭年均收入（1~6）	0.3万元及以下=1，0.3万（不含）~0.6万元=2，0.6万（不含）~1万元=3，1万（不含）~2万元=4，2万（不含）~3万元=5，3万元以上=6

5.2 庭院菜地种植面积相关性分析

关于庭院菜地种植面积的影响因素分析，本节采用 Pearson 分析法测算各因素和人均庭院菜地种植面积的相关性。根据研究小组走访调查时对各地农村地区实际情况的了解，人均庭院菜地种植面积可能受到多种因素影响，且由于平原地区和山地地区的农村状况不同，因此影响因素可能存在差异。关于影响人均庭院菜地种植面积的因素，首先从老年人针对菜荒时期的应对措施考虑，老年人在面对蔬菜供应不足时是否选择购买蔬菜会影响老年人对庭院菜地种植的决策，进而影响人均庭院菜地种植面积。因此，庭院菜地的应对菜荒功能是老年群体增加菜地种植规模的主要原因之一。本节从庭院菜地保障老年人的饮食需求、为老年人提供活动身体的途径 2 个角度来剖析庭院菜地的功能对人均庭院菜地种植面积的影响。老年人种植庭院菜地遇到的障碍会降低老年人种植庭院菜地的积极性，从而导致人均庭院菜地种植面积减少。本节选取的可能存在影响的障碍因素有生产资料购买不便、生产资料价格过高、缺乏种植知识、缺乏技术指导、菜地被占用 5 个方面。庭院菜地的种植情况是指庭院菜地到家庭的距离、种菜人年龄、庭院菜地存在年数、种植庭院菜地的经济投入、种植庭院菜地的劳动强度与庭院菜地的灌溉方式。老年人家庭特征包括户主的性别、是否和子女共同居住、家庭实际居住人口、家庭主要收入来源和家庭年均收入5个方面。

5.2.1 平原地区菜地面积分析

如表5-2所示，根据相关分析结果，平原地区共有8个变量与人均庭院菜地种植面积呈显著相关关系：庭院菜地保障蔬菜饮食的功能、活动身体的功能、庭院菜地到家庭的距离、种植庭院菜地的经济投入、种植庭院菜地的劳动强度、户主性别、是否和子女共同居住、家庭实际居住人口。庭院菜地保障蔬菜饮食和活动身体的功能与人均庭院菜地种植面积呈正相关关系。庭院菜地到家庭的距离和人均庭院菜地种植面积呈正相关关系，这是由于距离较近的庭院菜地往往位于庭院内外，土地面积较小，而距离较远的庭院菜地，往往位于村庄外围，土地面积较大。种植庭院菜地的经济投入和人均庭院菜地种植面积呈正相关关系，这是由于经济投入较多的家庭，往往更加重视菜地的管理，购买化肥种子等生产资料的现象较为普遍，有利于种植较大面积的庭院菜地。种植庭院菜地的劳动强度和人均庭院菜地种植面积呈正相关关系，这是由于所需劳动强度较大的庭院菜地，其种植环境往往较差，老年人为增加蔬菜产量，往往选择扩大种植面积。户主性别和人均庭院菜地种植面积呈正相关关系，这是因为女性作为户主的家庭更加注重生活开支以及饮食安排，因此对于庭院菜地的种植面积更加重视。是否和子女共同居住与人均庭院菜地种植面积呈负相关关系，意味着和子女共同居住的人均庭院菜地种植面积往往偏小，这是因为和子女共同居住的老人，其生活更加依赖子女，家庭食用蔬菜的需求更加倾向于通过购买来满足，因此是否和子女共同居住与人均庭院菜地种植面积呈负相关关系。家庭实际居住人口和人均庭院菜地种植面积呈负相关关系，这是因为庭院菜地能够以较少的经济投入满足家庭食用蔬菜的需求。据走访调查，许多庭院菜地在旺季的蔬菜供给往往大于家庭饮食需求，因此家庭人口越多，人均庭院菜地种植面积反而越小。

表 5-2　平原地区菜地种植面积相关性分析

变量类别	变量名称	平原地区	
		Pearson 相关性	显著性
	家庭人均菜地面积（Y）	1	
老年人针对菜荒时期的应对措施	增加购买（X_1）	-0.142	0.089
庭院菜地的功能	保障饮食（X_2）	0.286**	0.000
	活动身体（X_3）	0.248**	0.003
种植庭院菜地的动机	节省开支（X_4）	-0.131	0.116
	提高收入（X_5）	0.134	0.107
	利用闲置土地（X_6）	0.109	0.194
	蔬菜饮食的重要性（X_7）	0.108	0.196
种植庭院菜地的障碍	生产资料购买不便（X_8）	0.073	0.382
	生产资料价格过高（X_9）	0.062	0.461
	缺乏种植知识（X_{10}）	-0.119	0.155
	缺乏技术指导（X_{11}）	-0.104	0.213
	菜地被占用（X_{12}）	-0.041	0.624
庭院菜地的种植情况	庭院菜地到家庭的距离（X_{13}）	0.251**	0.002
	种菜人年龄（X_{14}）	0.157	0.059
	庭院菜地存在年数（X_{15}）	0.104	0.212
	种植庭院菜地的经济投入（X_{16}）	0.460**	0.000
	种植庭院菜地的劳动强度（X_{17}）	0.307**	0.000
	灌溉方式（X_{18}）	0.02	0.809
老年人家庭特征	户主性别（X_{19}）	0.263**	0.001
	是否和子女共同居住（X_{20}）	-0.164*	0.049
	家庭实际居住人口（X_{21}）	-0.403**	0.000
	家庭主要收入来源（X_{22}）	0.078	0.350
	家庭年均收入（X_{23}）	-0.113	0.174

注：**表示在 0.01 水平上显著，*表示在 0.05 水平上显著。

5.2.2　山地地区菜地面积分析

如表 5-3 所示，山地地区与人均庭院菜地种植面积呈显著相关关系的影响因素有 11 种：老年人菜荒时增加购买、通过种植庭院菜地活动身体、庭院蔬菜对老年人饮食的重要性、生产资料购买不便、种菜人年龄、种植庭院菜地的劳动强度、灌溉方式、户主性别、是否和子女共同居住、家庭实际居住人口、家庭年均收入。庭院菜地的活动身体功能、种植庭院菜地的劳动强度、户主性别、是否和子女共同居住、家庭实际居住人口这5种影响因素与平原地区相同。这是因为庭院菜地活动身体的功能和种植庭院菜地的劳动强度主要和老年人群的体质有关。一方面，种植庭院菜地是适合老年人活动身体的方式；另一方面，劳动强度的大小对体质较弱的老年人是否种植庭院菜地起到关键作用。而户主性别、是否和子女共同居住、家庭实际居住人口是农村地区共有的家庭因素。鉴于此，以上5种影响因素是平原地区和山地地区所共有的。增加购买、蔬菜对老年人的重要性、生产资料购买不便、种菜人年龄、灌溉方式、家庭年均收入这6种影响因素都和山地地区老年人的生活状况以及庭院菜地种植环境有关。由于菜荒时通过增加购买解决蔬菜供给问题的家庭对庭院菜地的依赖程度较低，因此增加购买这一影响因素与人均庭院菜地种植面积呈负相关关系。老年人对于蔬菜饮食重要性的认可程度增强了老年人种植庭院菜地的意识，因此与人均庭院菜地种植面积呈正相关关系。生产资料购买不便主要由交通便利性较差以及农产品销售点较少所导致，但这同时也会妨碍老年人购买蔬菜，因此此类家庭的菜地面积往往较大。年龄越大的老年人，其行动能力受交通不便的影响越明显，而年纪较大的老年人往往拥有更多的种植经验，同时更加依赖和重视庭院菜地，因此种菜人年龄与人均庭院菜地种植面积呈正相关关系。灌溉方式与人均庭院菜地种植面积呈负相关关系，这表明灌溉条件越好的家庭，人均庭院菜地种植面积越小。这是因为优越的灌溉条件会增加单位面积的蔬菜产量，而灌溉条件较差的区域，老年人需要扩大庭院菜地种植面积以保证蔬菜的产量，因此灌溉条件和人均庭院菜地种植面积呈负相关关系。年均收入较高家庭所在的地区购买蔬菜往往更为便利，此类家庭的老年人会更加倾向于通过购买来满足家庭食用蔬菜的需求，因此家庭年均收入与人均庭院菜地种植面积呈负相关关系。

表 5-3 山地地区菜地种植面积相关性分析

变量类别	变量名称	山地地区	
		Pearson 相关性	显著性
	家庭人均菜地面积（Y）	1	
老年人针对菜荒时期的应对措施	增加购买（X_1）	-0.283**	0.000
庭院菜地的功能	保障饮食（X_2）	-0.067	0.409
	活动身体（X_3）	0.191*	0.019
种植庭院菜地的动机	节省开支（X_4）	0.101	0.216
	提高收入（X_5）	0.116	0.154
	利用闲置土地（X_6）	0.144	0.076
	蔬菜饮食的重要性（X_7）	0.199*	0.014
种植庭院菜地的障碍	生产资料购买不便（X_8）	0.225**	0.005
	生产资料价格过高（X_9）	0.024	0.773
	缺乏种植知识（X_{10}）	0.129	0.113
	缺乏技术指导（X_{11}）	0.055	0.503
	菜地被占用（X_{12}）	-0.081	0.319
庭院菜地的种植情况	庭院菜地到家庭的距离（X_{13}）	0.094	0.248
	种菜人年龄（X_{14}）	0.272**	0.001
	庭院菜地存在年数（X_{15}）	0.152	0.062
	种植庭院菜地的经济投入（X_{16}）	0.124	0.128
	种植庭院菜地的劳动强度（X_{17}）	0.17*	0.036
	灌溉方式（X_{18}）	-0.219**	0.007
老年人家庭特征	户主性别（X_{19}）	0.286**	0.000
	是否和子女共同居住（X_{20}）	-0.583**	0.000
	家庭实际居住人口（X_{21}）	-0.666**	0.000
	家庭主要收入来源（X_{22}）	-0.048	0.557
	家庭年均收入（X_{23}）	-0.270**	0.001

注：**表示在 0.01 水平上显著，*表示在 0.05 水平上显著。

5.3 庭院菜地种植面积通径分析

5.3.1 平原地区庭院菜地面积分析

为了进一步了解各因素对庭院菜地种植面积的影响，在相关分析的基础上，笔者选取与人均庭院菜地种植面积显著相关的因素进行通径分析。如表5-4所示，相关系数绝对值$X_{16}>X_{21}>X_{17}>X_2>X_{19}>X_{13}>X_3>X_{20}$，其中$X_2$、$X_3$、$X_{13}$、$X_{16}$、$X_{17}$、$X_{19}$为正相关，$X_{20}$、$X_{21}$为负相关。直接通径系数绝对值$X_{16}>X_{21}>X_2>X_{17}>X_{13}>X_3>X_{20}>X_{19}$，其中$X_2$、$X_3$、$X_{13}$、$X_{16}$、$X_{17}$、$X_{19}$为正相关，$X_{20}$、$X_{21}$为负相关。根据相关系数和通径系数的结果，$X_2$、$X_{16}$、$X_{20}$和$X_{21}$的相关系数和直接通径系数相差较小，说明保障饮食、种植庭院菜地的经济投入、是否和子女共同居住以及家庭实际居住人口对平原地区人均庭院菜地种植面积的直接作用大于间接作用。这是因为保障饮食和经济投入与实际生活联系紧密，老年人对此的感知较为强烈。而是否和子女共同居住以及实际居住人口则直接决定了饮食需求，进而影响人均庭院菜地种植面积。在直接通径系数中，X_2、X_{16}和X_{21}的直接通径系数较大，说明庭院菜地保障饮食的功能、种植庭院菜地的经济投入和家庭实际居住人口对平原地区人均庭院菜地种植面积直接作用较大。户主性别的通径系数最小，说明户主性别对平原地区人均庭院菜地种植面积直接作用最小。X_3、X_{13}、X_{17}和X_{19}的相关系数和直接通径系数相差较大，说明活动身体、庭院菜地到家庭的距离、种植庭院菜地的劳动强度和户主性别通过直接作用和间接作用共同影响平原地区人均庭院菜地种植面积。在总和中，X_{17}和X_{19}最大，均为0.150，说明种植庭院菜地的劳动强度和户主性别通过其他因素对平原地区人均庭院菜地种植面积的影响最大，其中种植庭院菜地的劳动强度主要通过种植庭院菜地的经济投入间接影响人均庭院菜地种植面积，影响系数为0.090；户主性别主要通过家庭实际居住人口间接影响人均庭院菜地种植面积，影响系数为0.075。总体来看，对平原地区人均庭院菜地种植面积直接作用较大的影响因素为保障饮食、种植庭院菜地的经济投入和家庭实际居住人口。详细间接作用情况见图5-1。

表5-4　平原地区关于庭院菜地面积影响因素的通径分析

自变量	相关系数	直接通径系数	间接通径系数								
			总和	X_2	X_3	X_{13}	X_{16}	X_{17}	X_{19}	X_{20}	X_{21}
X_2	0.286	0.231	0.055		0.032	-0.010	-0.013	0.028	0.019	0.000	-0.001
X_3	0.248	0.141	0.107	0.053		-0.009	0.034	-0.013	0.015	0.004	0.023
X_{13}	0.251	0.149	0.102	-0.015	-0.008		0.182	0.048	-0.005	-0.035	-0.065
X_{16}	0.460	0.449	0.011	-0.007	0.011	0.060		0.031	-0.001	-0.040	-0.043
X_{17}	0.307	0.156	0.150	0.042	-0.012	0.045	0.090		0.014	-0.017	-0.012
X_{19}	0.263	0.113	0.150	0.038	0.018	-0.007	-0.002	0.019		0.009	0.075
X_{20}	-0.164	-0.135	-0.029	-0.001	-0.004	0.038	0.135	0.020	-0.008		-0.209
X_{21}	-0.403	-0.380	-0.023	0.000	-0.009	0.026	0.051	0.005	-0.022	-0.074	

注：决定系数 R^2（i）=0.599，剩余通径系数=0.634。

5.3.2　山地地区庭院菜地面积分析

在山地地区人均庭院菜地种植面积的通径分析中，如表5-5所示，相关系数绝对值 $X_{21}>X_{20}>X_{19}>X_1>X_{14}>X_{23}$，其中 X_{14}、X_{19} 为正相关，X_1、X_{20}、X_{21}、X_{23} 为负相关。直接通径系数绝对值 $X_{21}>X_1>X_{14}>X_{20}>X_{23}>X_{19}$，其中 X_{14}、X_{19}、X_{23} 为正相关，X_1、X_{20}、X_{21} 为负相关。根据相关系数和通径系数结果，X_1、X_{14}、X_{21} 的相关系数和直接通径系数相差较小，说明老年人面对菜荒时增加购买的饮食策略、种菜人年龄和家庭实际居住人口对山地地区人均庭院菜地种植面积的直接作用大于间接作用。这是因为山地地区老年人由于交通不便以及经济水平较低，很少购买蔬菜，通过扩大种植面积

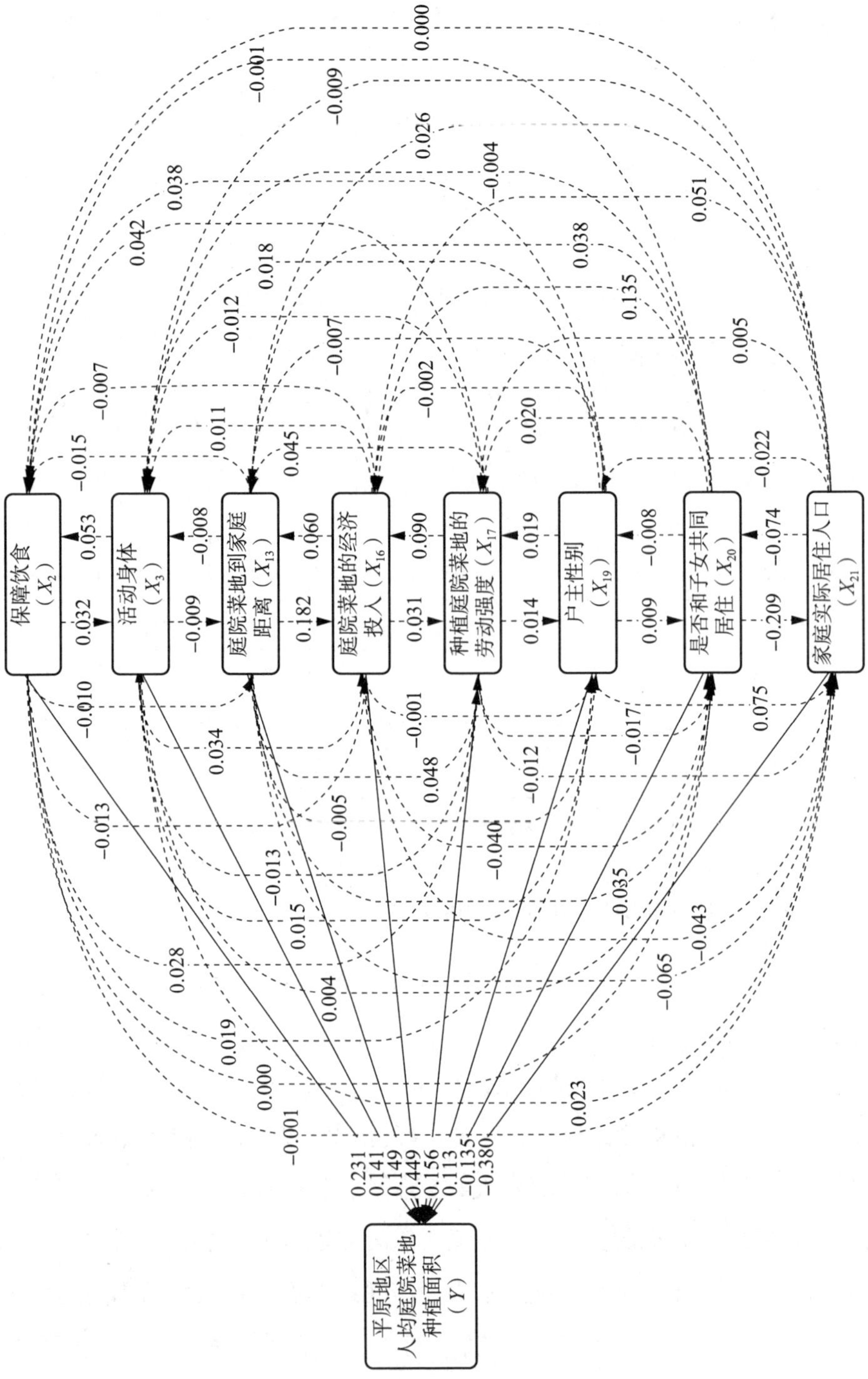

图 5-1　平原地区关于庭院菜地面积通径分析解析图

以满足菜荒时的饮食需求，因此增加购买的饮食策略对人均庭院菜地种植面积直接负相关。由于山地地区种植庭院菜地的劳动成本较高，因此种菜人年龄对人均庭院菜地种植面积的直接作用较强。家庭实际居住人口则直接决定饮食需求，因此对人均庭院菜地种植面积直接作用较大。在直接通径系数中 X_{21} 的绝对值最大，表明家庭实际居住人口对人均庭院菜地种植面积的直接作用最大。X_{19}、X_{20} 和 X_{23} 的相关系数和直接通径系数相差较大，说明户主性别、是否和子女共同居住、家庭年均收入通过直接和间接作用共同影响山地地区人均庭院菜地种植面积。在间接通径系数中，X_{20} 和 X_{23} 的绝对值最大，表明其对山地地区人均庭院菜地种植面积间接作用最大，且主要通过家庭实际居住人口间接作用于山地地区人均庭院菜地种植面积，间接作用通径系数分别为-0.451和-0.294。总体来看，对山地地区人均庭院菜地种植面积直接作用较大的因素包括增加购买的菜荒策略、种菜人年龄和家庭实际居住人口。详细间接作用情况见图 5-2。

表 5-5 山地地区关于庭院菜地面积影响因素的通径分析

自变量	相关系数	直接通径系数	间接通径系数						
			总和	X_1	X_{14}	X_{19}	X_{20}	X_{21}	X_{23}
X_1	-0.283	-0.216	-0.067		-0.012	-0.036	-0.015	-0.008	0.004
X_{14}	0.272	0.214	0.058	0.012		0.013	0.016	0.064	-0.047
X_{19}	0.286	0.126	0.160	0.062	0.022		0.007	0.050	0.019
X_{20}	-0.583	-0.163	-0.420	-0.020	-0.021	-0.005		-0.451	0.077
X_{21}	-0.666	-0.583	-0.083	-0.003	-0.023	-0.011	-0.126		0.080
X_{23}	-0.270	0.159	-0.429	-0.006	-0.064	0.015	-0.080	-0.294	

注：决定系数 R^2（i）=0.596，剩余通径系数=0.635。

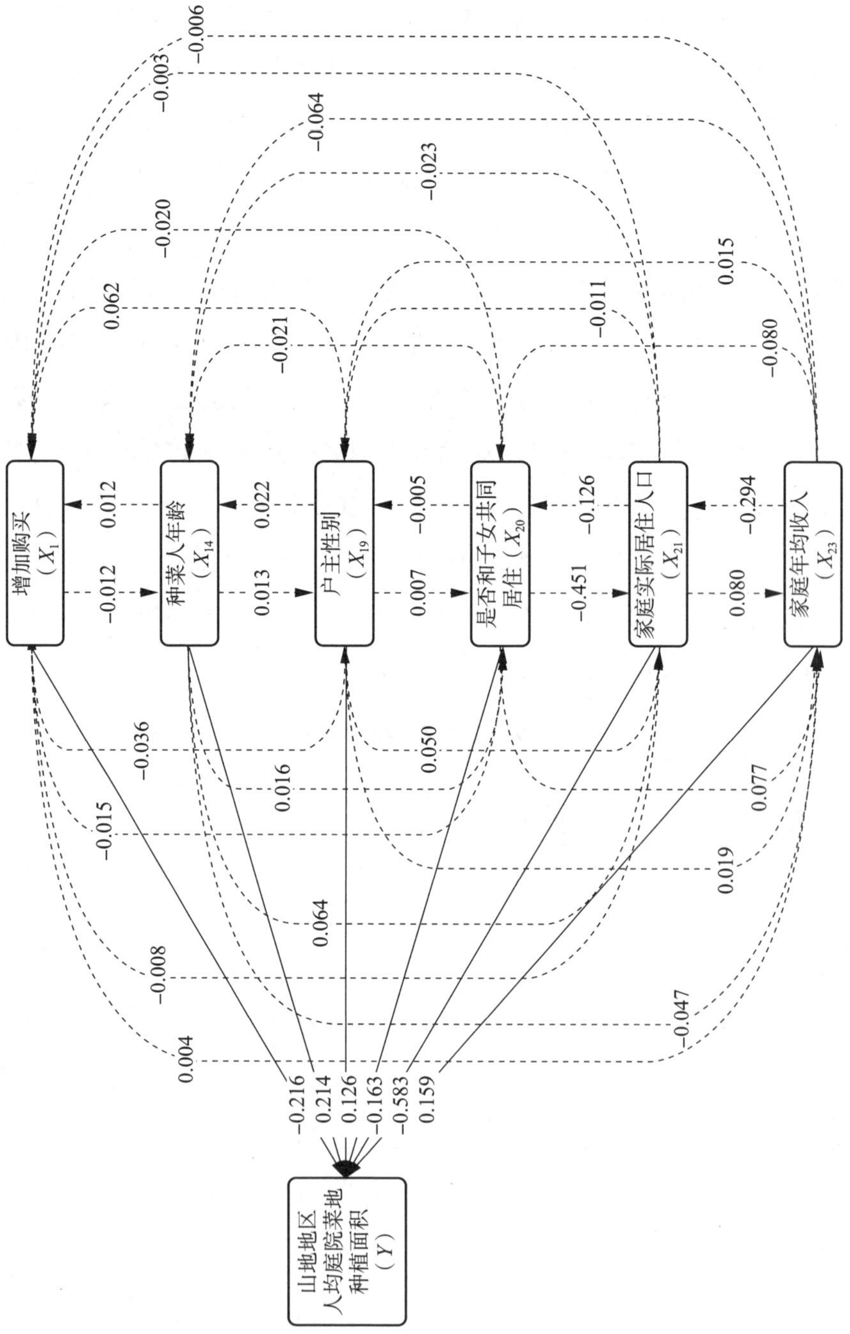

图 5-2　山地地区关于人均庭院菜地面积通径分析解析图

6

生活型庭院菜地种植多样性及其影响因素分析

6.1 理论基础和研究假设

6.1.1 研究方法

本章首先运用SPSS统计分析中的Pearson相关性分析，对调查区蔬菜种植多样性的影响因素进行分析。然后在相关分析的基础上，对呈显著相关关系的影响因素进行主成分提取，将多个影响因素提取转化为少数几个综合指标，并通过综合指标分析自变量对因变量的影响。

6.1.2 研究假设

基于上述理论以及前文关于老年人个人及家庭特征以及庭院菜地种植情况的初步分析，本节提出以下假设：

庭院菜地种植多样性的影响因素包括：

（1）庭院菜地保障饮食的作用。

（2）种植庭院菜地的动机。包括节省开支、提高收入、方便食用、蔬菜饮食的重要性。

（3）种植庭院菜地的障碍。包括生产资料购买不便、生产资料价格过高、菜地被占用。

（4）老年人的期望。具体为对合理规划庭院菜地位置的期望。

（5）庭院菜地的种植情况。包括庭院菜地种植面积、庭院菜地的种植人数、庭院菜地到家庭的距离、种菜人年龄、庭院菜地存在年数、种植庭院菜地的经济投入、种植庭院菜地的劳动强度、是否使用围栏、灌溉方式、化肥使用占比。

（6）老年人的家庭特征。包括户主性别、户主年龄、是否和子女共同居住、家庭实际居住人口、家庭年均收入。

6.1.3 数据处理

关于庭院菜地种植多样性的影响因素分析，将庭院菜地种植多样性设置为因变量，假设的影响因素为自变量，本节所使用的数据均来自问卷调查。其中，庭院菜地的作用，种植庭院菜地的动机、障碍以及老年人的期望这 4 种影响因素的赋值均采用 Likert 五级测度法：1＝强烈不赞同，2＝不赞同，3＝不确定，4＝赞同，5＝强烈赞同。变量详细赋值见表 6-1。

表 6-1 变量赋值结果

变量类别	变量名称	变量定义
庭院菜地的功能	保障饮食（1~5）	强烈不赞同＝1，不赞同＝2，不确定＝3，赞同＝4，强烈赞同＝5
种植庭院菜地的动机	节省开支（1~5）	强烈不赞同＝1，不赞同＝2，不确定＝3，赞同＝4，强烈赞同＝5
	提高收入（1~5）	强烈不赞同＝1，不赞同＝2，不确定＝3，赞同＝4，强烈赞同＝5
	方便食用（1~5）	强烈不赞同＝1，不赞同＝2，不确定＝3，赞同＝4，强烈赞同＝5
	蔬菜饮食的重要性（1~5）	强烈不赞同＝1，不赞同＝2，不确定＝3，赞同＝4，强烈赞同＝5

续表

变量类别	变量名称	变量定义
种植庭院菜地的障碍	生产资料购买不便（1~5）	强烈不赞同=1，不赞同=2，不确定=3，赞同=4，强烈赞同=5
	生产资料价格过高（1~5）	强烈不赞同=1，不赞同=2，不确定=3，赞同=4，强烈赞同=5
	菜地被占用（1~5）	强烈不赞同=1，不赞同=2，不确定=3，赞同=4，强烈赞同=5
老年人的期望	合理规划菜地（1~5）	强烈不赞同=1，不赞同=2，不确定=3，赞同=4，强烈赞同=5
庭院菜地的种植情况	庭院菜地面积/平方米	按实际面积
	庭院菜地种植人数/人	按实际人数
	庭院菜地到家庭的距离/米	按实际距离
	种菜人年龄/岁	按实际年龄
	庭院菜地存在年数/年	按实际年数
	种植庭院菜地的经济投入/元	按实际花费
	种植庭院菜地的劳动强度（1~5）	弱=1，较弱=2，一般=3，较强=4，强=5
	是否使用围栏（0、1）	否=0，是=1
	灌溉方式（1、2、3）	雨水=1，挑水运水=2，水管接水=3
	化肥使用占比/%	按实际占比
老年人家庭特征	户主性别（0、1）	男=0，女=1
	户主年龄（5、6）	56~60岁=5，61~65岁=6
	是否和子女共同居住（0、1）	否=0，是=1
	家庭实际居住人口/人	按实际人口
	家庭年均收入（1~6）	0.3万元及以下=1，0.3万（不含）~0.6万元=2，0.6万（不含）~1万元=3，1万（不含）~2万元=4，2万（不含）~3万元=5，3万元以上=6

6.2 庭院菜地种植多样性相关性分析

农村庭院菜地种植多样性对于老年人的蔬菜摄入具有直接影响，摄入更多种类的蔬菜有利于维护老年人的身体健康。分析庭院菜地种植多样性的影响因素，可以为提高农村老年人饮食质量提供依据，从而改善农村居民的生活状况。研究小组走访调查时发现，不同地区庭院菜地的蔬菜种类、种植多样性存在较大差异，这些差异可能是由地域原因和老年人的饮食习惯所导致。本节通过问卷调查收集老年人以及庭院菜地情况的信息，并选择可能对庭院菜地种植多样性造成影响的因素进行相关分析。庭院菜地的作用可能与种植多样性具有相关性，保障饮食和节省开支均会对老年人的种植决策产生影响。种植庭院菜地的动机不同，也会对老年人种植的蔬菜种类和数量产生影响。种植庭院菜地的障碍可能会削弱老年人种植庭院菜地的积极性，从而导致庭院菜地种植多样性的减少。老年人的期望对增加庭院菜地的种植多样性具有一定程度的积极影响。庭院菜地的种植情况可以直接影响庭院菜地的种植多样性。老年人的家庭特征与庭院菜地的种植多样性同样存在相关性。

6.2.1 平原地区庭院菜地种植多样性相关性分析

本节采用 Pearson 相关系数法对各影响因素与庭院菜地种植多样性的相关性进行分析。由表 6-2 可知，平原地区与庭院菜地种植多样性呈显著相关关系的因素包括保障饮食、方便食用、蔬菜饮食的重要性、生产资料价格过高、菜地被占用、合理规划菜地、化肥使用占比。保障饮食、方便食用和蔬菜饮食的重要性通过提升老年人的饮食质量和健康意识增加老年人对庭院菜地的重视程度，进而提高庭院菜地的种植多样性。生产资料价格过高与庭院菜地种植多样性呈负相关关系，主要因为菜种的价格较高，降低了老年人的购买欲望，而一些蔬菜无法自己育种，造成了庭院菜地种植多样性的降低。菜地被占用与合理规划菜地主要通过影响老年人的种植意识，进而影响庭院菜地种植多样性，由于部分菜地被占用，老年人会更加注重对庭院菜地的管理，并有意识地减少种植那些占地面积较大的菜类，转而利用间种、套种来丰富其他蔬菜的种类，这增加了庭院菜地的种植多样性。化肥的使用可促进蔬菜的长势，因此与庭院菜地种植多样性呈正相关关系。

表 6-2 平原地区菜地种植多样性相关分析

变量类别	变量名称	平原地区	
		Pearson 相关性	显著性
	种植蔬菜种类数（Y）	1	
庭院菜地的功能	保障饮食（X_1）	0.301**	0.000
种植庭院菜地的动机	节省开支（X_2）	0.000	0.996
	提高收入（X_3）	0.09	0.281
	方便食用（X_4）	0.222**	0.007
	蔬菜饮食的重要性（X_5）	0.173*	0.037
种植庭院菜地的障碍	生产资料购买不便（X_6）	-0.048	0.567
	生产资料价格过高（X_7）	-0.228**	0.006
	菜地被占用（X_8）	0.231**	0.005
老年人的期望	合理规划菜地（X_9）	0.239**	0.004
庭院菜地的种植情况	庭院菜地面积（X_{10}）	0.118	0.159
	庭院菜地种植人数（X_{11}）	0.049	0.559
	庭院菜地到家庭的距离（X_{12}）	-0.150	0.072
	种菜人年龄（X_{13}）	-0.042	0.620
	庭院菜地存在年数（X_{14}）	0.105	0.209
	种植庭院菜地的经济投入（X_{15}）	0.088	0.290
	种植庭院菜地的劳动强度（X_{16}）	-0.015	0.858
	是否使用围栏（X_{17}）	-0.043	0.606
	灌溉方式（X_{18}）	-0.087	0.295
	化肥使用占比（X_{19}）	0.168*	0.043

续表

变量类别	变量名称	平原地区	
		Pearson 相关性	显著性
老年人家庭特征	户主性别（X_{20}）	0.024	0.777
	户主年龄（X_{21}）	−0.076	0.366
	是否和子女共同居住（X_{22}）	−0.069	0.407
	家庭实际居住人口（X_{23}）	0.005	0.547
	家庭年均收入（X_{24}）	0.009	0.915

注：**表示在 0.01 水平上显著，*表示在 0.05 水平上显著。

6.2.2　山地地区庭院菜地种植多样性相关性分析

本部分采用 Pearson 相关系数法分析各影响因素与庭院菜地种植多样性的相关性。如表 6-3 所示，山地地区中与庭院菜地种植多样性呈显著相关关系的影响因素包括提高收入、生产资料价格过高、庭院菜地种植面积、庭院菜地到家庭的距离、庭院菜地存在年数、种植庭院菜地的经济投入、种植庭院菜地的劳动强度、是否使用围栏、灌溉方式、化肥使用占比、家庭年均收入。其中提高收入、生产资料价格过高、种植庭院菜地的经济投入和家庭年均收入这 4 种因素均从经济方面影响庭院菜地的种植多样性。山地地区的经济水平较低，老年人对于庭院菜地的经济投入以及经济收益都较为重视，上述 4 种影响因素与庭院菜地种植多样性显著相关。其中生产资料价格过高与庭院菜地种植多样性呈正相关关系，这是因为认为生产资料价格过高的受访人，都是需要购买菜种、化肥的老年人，他们往往在菜地中种植了多种蔬菜。庭院菜地面积、庭院菜地到家庭的距离、种植庭院菜地的劳动强度都受到山地地区地形地貌的影响，从而影响了庭院菜地的种植多样性。庭院菜地到家庭的距离、种植庭院菜地的劳动强度与种植多样性呈负相关关系，这是由于种植不同的蔬菜需要付出不同的劳动强度，庭院菜地距离较远会对老年人管理庭院菜地造成不便，为了便于管理，老年人会降低种植多样性。庭院菜地存在年数越长，老年人种植庭院菜地的经验越丰富，进而提高了庭院菜地的种植多样性。使用围栏对保障庭院菜地的安全起到一定作用，因此，使用庭院菜地围栏的老年人会倾向于种植更多品类的蔬菜，而没有使用围栏的庭院菜地更容易受到散养家禽的破坏，这降低了老年人的种植意愿，进而影响了庭院菜地的种植多样性。庭院菜地的灌溉方式对需水量较大的蔬菜品种影响更大，而以挑水运水和雨水为灌溉方式的老年人，可能会减少种植需水较多的蔬菜。

表 6-3　山地地区庭院菜地种植多样性相关分析

变量类别	变量名称	山地地区	
		Pearson 相关性	显著性
	种植蔬菜种类数（Y）	1	
庭院菜地的功能	保障饮食（X_1）	0.079	0.335
种植庭院菜地的动机	节省开支（X_2）	0.036	0.664
	提高收入（X_3）	0.246*	0.002
	方便食用（X_4）	0.150	0.065
	蔬菜饮食的重要性（X_5）	0.008	0.927
种植庭院菜地的障碍	生产资料购买不便（X_6）	−0.086	0.294
	生产资料价格过高（X_7）	0.268**	0.001
	菜地被占用（X_8）	−0.141	0.083
老年人的期望	合理规划菜地（X_9）	−0.044	0.594
庭院菜地的种植情况	庭院菜地面积（X_{10}）	0.250**	0.002
	庭院菜地种植人数（X_{11}）	−0.133	0.103
	庭院菜地到家庭的距离（X_{12}）	−0.312**	0.000
	种菜人年龄（X_{13}）	0.091	0.263
	庭院菜地存在年数（X_{14}）	0.194*	0.016
	种植庭院菜地的经济投入（X_{15}）	0.443**	0.000
	种植庭院菜地的劳动强度（X_{16}）	−0.174*	0.032
	是否使用围栏（X_{17}）	0.403**	0.000
	灌溉方式（X_{18}）	0.24**	0.003
	化肥使用占比（X_{19}）	0.234**	0.004

续表

变量类别	变量名称	山地地区	
		Pearson 相关性	显著性
老年人家庭特征	户主性别（X_{20}）	0.109	0.181
	户主年龄（X_{21}）	-0.074	0.366
	是否和子女共同居住（X_{22}）	0.057	0.485
	家庭实际居住人口（X_{23}）	0.103	0.209
	家庭年均收入（X_{24}）	0.201**	0.013

注：**表示在0.01水平上显著，*表示在0.05水平上显著。

6.3 庭院菜地种植多样性主成分分析

6.3.1 平原地区庭院菜地种植多样性主成分分析

本章在对庭院菜地种植多样性进行相关性分析的基础上，对平原地区的显著相关因素进行主成分分析。通过KMO值和Bartlett球形检验发现，各自变量间存在较强的相关性，表明数据适合进行主成分分析。选取平原地区初始特征值大于1的前3个公因子作为主成分，如表6-4所示，平原地区主成分分析KMO=0.577，Bartlett球形检验显著性$P=0.000$，前3个公因子累计贡献率为64.33%，能够反映基础数据的大部分信息，具有较好的代表性。此外，由于本章以老年家庭为单位，每个地区样本量的选取有限，造成样本数据的KMO值偏低，这可能会对分析结果产生一定影响。

表6-4　解释的总方差

地区	主成分	初始特征值（λ）	贡献率（r）/%	累计贡献率/%
平原地区	1	1.891	27.008	27.008
	2	1.530	21.857	48.865
	3	1.083	15.464	64.33

对平原地区庭院菜地蔬菜种植种类数的影响因素进行主成分提取。如图 6-1 所示，主成分 1 包括种植庭院菜地障碍中的农村建设占用庭院菜地和老年人期望合理规划庭院菜地，这两个因素都和庭院菜地的位置分布有关，因此可概括为庭院菜地的规划。主成分 2 包括蔬菜饮食的重要性、方便食用功能和化肥使用占比，蔬菜饮食的重要性和方便食用功能主要和老年人的饮食情况有关，所以概括为饮食习惯。主成分 3 包括保障饮食功能以及种植庭院菜地障碍中的生产资料价格过高，因为保障饮食功能可以减少老年人购买蔬菜的经济支出，而生产资料价格过高限制了老年人的种植选择，因此可以概括为经济因素。

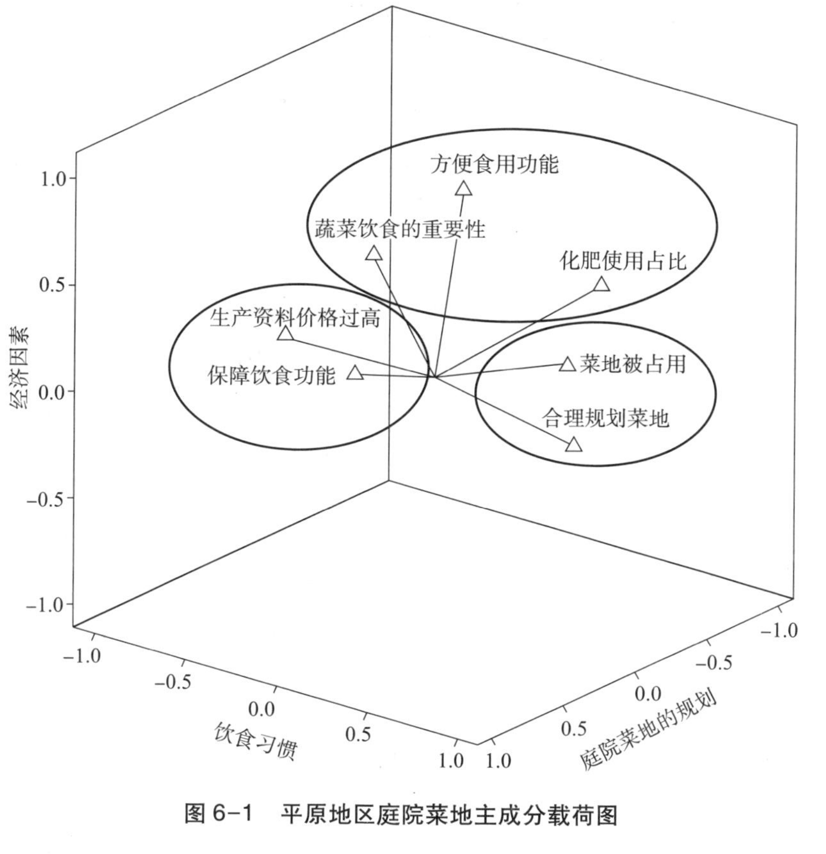

图 6-1 平原地区庭院菜地主成分载荷图

6.3.2 山地地区庭院菜地种植多样性主成分分析

与平原地区一致，在对庭院菜地种植多样性进行相关性分析的基础上，对山地地区庭院菜地种植多样的显著相关因素进行主成分分析。KMO值和Bartlett球形检验表明，各自变量间存在较强的相关性，数据适合进行主成分分析。选取山地地区前4个初始特征值大于1的公因子作为主成分，如表6-5所示，山地地区主成分分析KMO=0.586，Bartlett球形检验显著性$P=0.000$，前4个公因子累计贡献率为62.22%，能反映基础数据的大部分信息，具有较好的代表性。

表6-5 解释的总方差

地区	主成分	初始特征值（λ）	贡献率（r）/%	累计贡献率/%
山地地区	1	2.434	22.126	22.126
	2	1.748	15.891	38.017
	3	1.461	13.284	51.302
	4	1.201	10.918	62.22

对山地地区庭院菜地蔬菜种植种类数的影响因素进行主成分提取。如图6-2所示，主成分1包括化肥使用占比、提高收入功能、庭院菜地存在年数，可以概括为种植庭院菜地的收益。主成分2包括种植庭院菜地障碍中的生产资料价格过高和种植庭院菜地时是否使用围栏。生产资料价格过高会减少老年人种植的蔬菜种类，而庭院菜地围栏是老年人为防止庭院菜地遭到破坏而建立，因此可以概括为种植庭院菜地的障碍。主成分3包括种植庭院菜地的经济投入、庭院菜地种植面积、种植庭院菜地的劳动强度、庭院菜地到家庭的距离，可以概括为庭院菜地的种植状况。主成分4中包括老年人的家庭年均收入和庭院菜地的灌溉方式，由于家庭年均收入为经济层面，而山地地区的灌溉方式同样受经济条件的影响，因此可以概括为经济因素。

综上所述，关于庭院菜地种植多样性影响因素的主成分提取，平原地区包括：庭院菜地的规划、饮食习惯、经济因素。山地地区包括种植庭院菜地的收益、种植庭院菜地的障碍、庭院菜地种植状况、经济因素。其中经济因素是山地地区与平原地区种植多样性的共同影响因素，而庭院菜地的规划以及家庭的饮食习惯影响平原地区庭院菜地的种植多样性，山地地区庭院菜地的种植多样性则受到种植庭院菜地的收益与障碍影响。

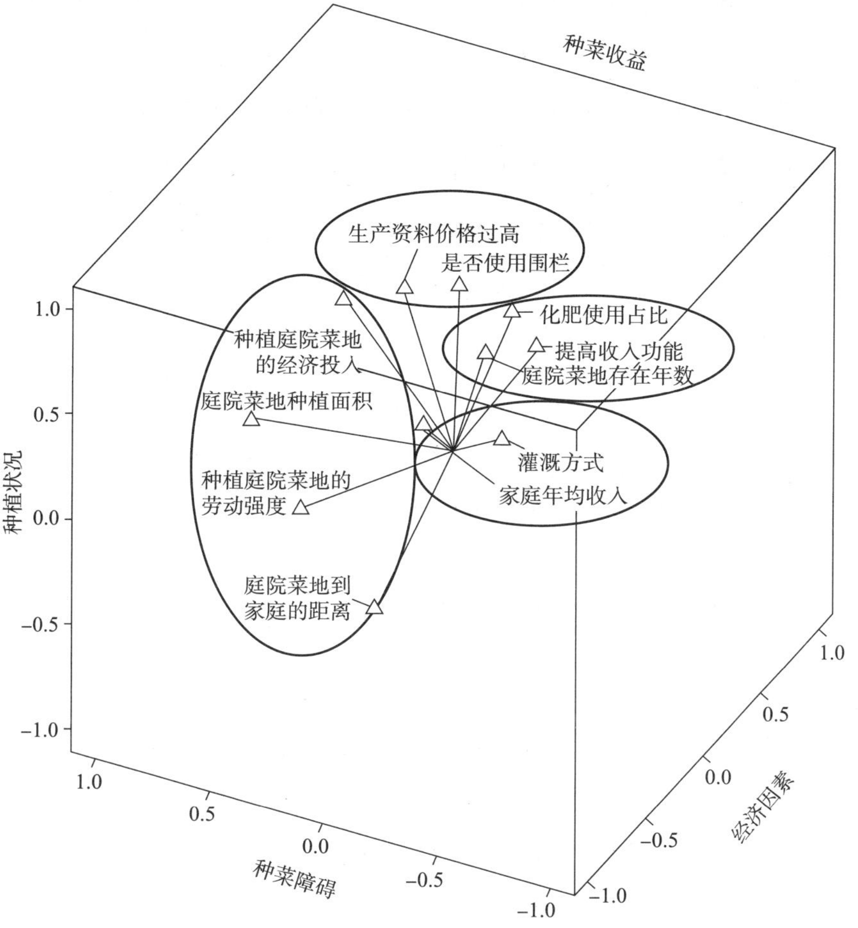

图 6-2　山地地区庭院菜地主成分载荷图

6.4 庭院菜地种植多样性回归分析

6.4.1 平原地区庭院菜地种植多样性回归分析

运用 SPSS 22.0 中的多元线性回归模型分析平原地区各主成分对庭院菜地种植多样性的影响。由于本次调查对象是老年人，可能数据质量存在一定影响，故在运用该模型时，将显著水平设定为 10%。如表 6-6 所示，平原地区庭院菜地规划和饮食习惯与种植多样性的关系通过了统计学检验，而经济因素与庭院菜地种植多样性无显著相关关系。

表 6-6 平原地区关于庭院菜地种植多样性线性回归分析

地区	因变量	预测变量	非标准化系数		标准化系数	T	P	R^2	F	P
			B	标准误差	Beta 值					
平原地区	庭院菜地种植多样性	常数	14.076	0.362		38.932	0	0.179	11.458	0
		庭院菜地规划	1.608	0.363	0.335	4.431	0			
		饮食习惯	1.305	0.363	0.272	3.597	0			

6.4.2 山地地区庭院菜地种植多样性回归分析

运用 SPSS 22.0 中的多元线性回归模型分析山地地区各主成分对庭院菜地种植多样性的影响。在使用该模型时，将显著水平设定为 10%。如表 6-7所示，山地地区的种菜收益、种菜障碍、种植状况和经济因素与庭院菜地种植多样性的关系均通过了统计学检验，这表明山地地区庭院菜地的种植多样性受多方面因素的影响。

表 6-7 山地地区关于庭院菜地种植多样性线性回归分析

地区	因变量	预测变量	非标准化系数		标准化系数	T	P	R^2	F	P
			B	标准误差	Beta 值					
山地地区	庭院菜地种植多样性	常数	17. 322	0. 256		67. 56	0	0. 383	22. 775	0
		种菜收益	1. 129	0. 257	0. 284	4. 389	0			
		种菜障碍	1. 669	0. 257	0. 421	6. 49	0			
		种植状况	1. 133	0. 257	0. 285	4. 405	0			
		经济因素	0. 826	0. 257	0. 208	3. 212	0. 002			

7 城郊经济型大棚蔬菜种植现状

本章以河南省城郊大棚蔬菜为研究对象，通过社会问卷调查与访谈收集菜农社会特征信息与大棚蔬菜种植信息，共回收问卷 405 份（见表 7-1）。由于本书从农户的微观视角出发，因此在选取调查样本时排除了由农业公司运作的大棚蔬菜，且所选区域均无大棚种植补贴及农业保险等政府支持，将宏观社会因素的影响降至最低。

表 7-1　样本分布

研究区域		份数/份	占比/%
中牟县	十里铺村	12	2.96
	孙庄村	10	2.47
	东岗村	70	17.28
	李楼村	13	3.21
	刘张村	12	2.96
	十八里岗村	13	3.21
	绪张村	12	2.96
	姚家村	14	3.46
	小计	156	38.51
登封市	杨岗村	80	19.75
	寨沟村	69	17.04
	小计	149	36.79

续表

研究区域		份数/份	占比/%
商丘市	菜园村	5	1.23
	高楼村	40	9.88
	关庄村	15	3.70
	双八村	5	1.23
	杨楼村	10	2.47
	张楼村	5	1.23
	杨庄村	5	1.23
	田园村	15	3.70
	小计	100	24.67
合计		405	100

7.1 受访人个体特征

根据受访菜农特征发现，登封市所调查样本的男性比例较高，女性比例较低；中牟县与商丘市的受访人男女比例接近，这可能是由于中牟县与商丘市位于平原地区，男性外出务工导致受访女性较多，男性较少。从年龄结构来看，中牟县和商丘市受访菜农主要集中在41~50岁，而登封市受访菜农主要集中在51~60岁，而61~70岁和71~80岁的菜农占比均较小。身体不健康或非常不健康的菜农很少，大部分菜农的身体素质良好。中牟县受访人平均从事农业活动年限高于登封市和商丘市的受访人，造成这种差异的原因可能是中牟县大棚果蔬业在当地发展势头迅猛，菜农从事农业生产的经验较为充足。在菜农受教育程度方面，各地区菜农的文盲率为0，半数以上的菜农至少接受过小学程度的教育。中牟县菜农的受教育程度相比其他两市较低，仅有46.15%的受访人接受过初中以上程度的教育，而登封市、商丘市受访人这一比例分别为87.92%和95.00%（见表7-2）。总体来看，受访菜农男性较多，女性较少，年龄主要集中在41~60岁，大部分菜农身体素质良好，均有较长年限的农业生产经验，都至少接受过小学程度的教育。

表 7-2 受访菜农特征

项目	中牟县		登封市		商丘市	
	样本量（156）	在本地区占比/%	样本量（149）	在本地区占比/%	样本量（100）	在本地区占比/%
年龄						
31~40	35	22.44	7	4.70	20	20.00
41~50	47	30.13	36	24.16	57	57.00
51~60	28	17.95	88	59.06	12	12.00
61~70	28	17.95	14	9.40	9	9.00
71~80	18	11.54	4	2.68	2	2.00
性别						
男	88	56.41	120	80.54	58	58.00
女	68	43.59	29	19.46	42	42.00
菜农身体素质						
非常不健康	0	0	0	0	0	0
不健康	11	7.05	0	0	0	0
一般	20	12.82	16	10.74	0	0
健康	80	51.28	74	49.66	21	21.00
非常健康	45	28.85	59	39.60	79	79.00
从事农业活动年限						
1~10 年	2	1.28	75	50.34	42	42.00
11~20 年	68	43.59	34	22.82	45	45.00
21~30 年	63	40.38	32	21.48	8	8.00
31~40 年	19	12.18	6	4.03	4	4.00
41~50 年	4	2.56	2	1.34	1	1.00
受教育程度						
小学及以下	84	53.85	18	12.08	5	5.00
初中	48	30.77	107	71.81	60	60.00
高中	24	15.38	24	16.11	35	35.00
大学及以上	0	0	0	0	0	0

7.2 受访人家庭特征

受访农户的家庭特征主要包括家庭实际居住人口数、家庭抚养比、家庭年均收入等。菜农家庭中实际居住人口为3~4人的比例最高，各地区比例分别为33.33%、62.42%、40.00%；实际居住人口在1~2人的比例较低，各地区比例分别为2.56%、8.05%、15.00%；实际居住人口在7~8人的比例最小。家庭抚养比为20%~30%的家庭比例最高，中牟县、登封市、商丘市3个地区的家庭抚养比为20%~30%的家庭所占比例分别为38.46%、59.73%、31.00%；家庭抚养比为40%~50%比例较小，各地区比例分别为7.69%、5.37%、8.00%；家庭抚养比高于50%的比例最小。在家庭年均收入方面，各地区家庭收入情况存在差异，登封市受调查家庭的年均收入较低，中牟县、商丘市受调查家庭年均收入均在9万元以上，而登封市有77.18%的受访家庭年均收入不足9万元。总体来看，菜农家庭以3~4口人为主，通常情况下家庭抚养比为20%~30%，菜农家庭年均收入为10万元左右，相比登封市受访农户，中牟县与商丘市菜农家庭年均收入更高，经济状况较好（见表7-3）。

表7-3 受访菜农家庭特征

项目	中牟县		登封市		商丘市	
	样本量（156）	在本地区占比/%	样本量（149）	在本地区占比/%	样本量（100）	在本地区占比/%
家庭实际居住人口数						
1~2	4	2.56	12	8.05	15	15.00
3~4	52	33.33	93	62.42	40	40.00
5~6	96	61.54	40	26.85	43	43.00
7~8	4	2.56	4	2.68	2	2.00
家庭抚养比（>65岁或<15岁人口比例）						
低于20%	24	15.38	28	18.79	29	29.00

续表

项目	中牟县		登封市		商丘市	
	样本量(156)	在本地区占比/%	样本量(149)	在本地区占比/%	样本量(100)	在本地区占比/%
20%~30%	60	38.46	89	59.73	31	31.00
30%~40%	60	38.46	20	13.42	32	32.00
40%~50%	12	7.69	8	5.37	8	8.00
高于 50%	0	0	4	2.68	0	0
家庭年均收入/万元						
1~5	0	0	2	1.34	0	0
5~9	0	0	113	75.84	0	0
9~13	84	53.85	34	22.82	14	14.00
13~17	36	23.08	0	0	69	69.00
17~20	36	23.08	0	0	17	17.00

7.3 大棚蔬菜位置与种植面积

7.3.1 大棚蔬菜位置分布

研究区域内大棚蔬菜距离菜农家庭位置分布有细微差异（见图 7-1）。中牟县大棚蔬菜与家庭之间的距离在 0.5 千米以下、0.5~1 千米、1 千米以上的比例分别为 29.49%、54.49% 和 16.02%；登封市的比例分别为 92.62%、7.38%、0；而商丘市的比例分别为 49.00%、44.00%、7.00%。中牟县和商丘市的大棚蔬菜与家庭之间的距离大多在 0.5 千米以上，到家庭的距离较远；登封市的大棚蔬菜与家庭之间的距离则大多在 0.5 千米以下，到家庭的距离相对较近。中牟县的大棚蔬菜主要分布在村庄周边，一般大小和距离居中，且聚集性较强，方便农户交流管理经验；登封市的大棚蔬菜通常位于村庄内部，距离家庭较近，便于管理，但分布较为松散且地块较小；商丘市的大棚蔬菜则主要位于村庄边缘，大棚多为集体建设，分布较为集中。

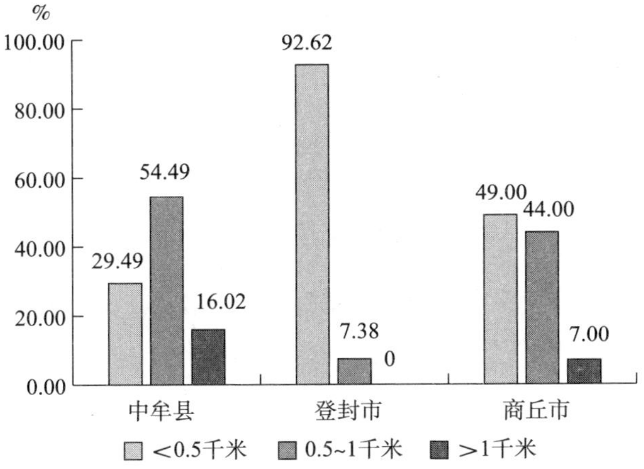

图 7-1 大棚蔬菜到家庭的距离

在中牟县、登封市、商丘市所调查的大棚蔬菜中，3 个县（市）到城镇距离同样存在细微差异。中牟县的大棚蔬菜到家庭的距离在 5 千米以下、5~10 千米、10 千米以上的比例分别为 18. 59%、30. 13%和 51. 28%；商丘市的大棚蔬菜到城镇距离在 5~10 千米、10 千米以上的比例分别为 58. 00%和 42. 00%，5 千米以下的比例为 0；登封市的大棚蔬菜到城镇距离在 5 千米以下、5~10 千米、10 千米以上比例分别为 45. 64%、48. 32%、6. 04%（见图 7-2）。

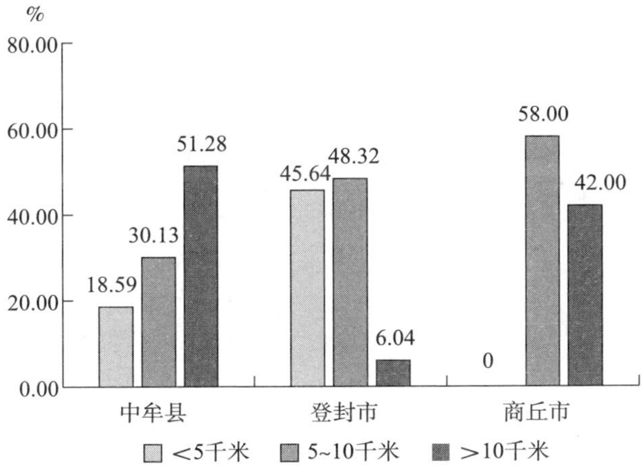

图 7-2 大棚蔬菜到城镇的距离

7.3.2 大棚蔬菜种植面积

中牟县大棚蔬菜面积集中在3亩以下、3~6亩、6亩以上的比例分别为35.26%、49.36%和15.38%；登封市大棚蔬菜面积主要集中在3亩以下，比例为100.00%；商丘市大棚蔬菜面积集中在3亩以下、3~6亩、6亩以上的比例分别为13.00%、70.00%、17.00%（见图7-3）。

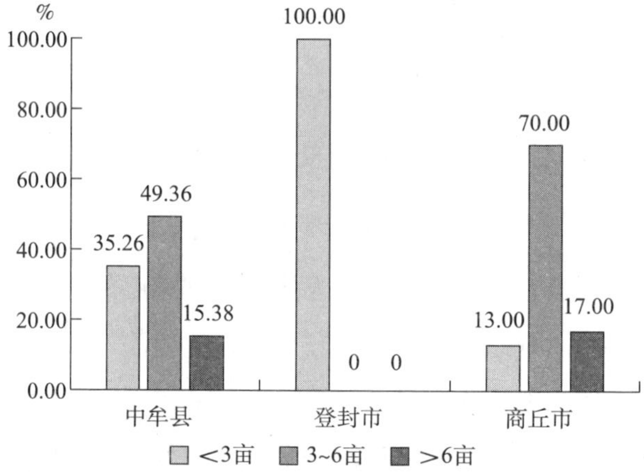

图7-3 大棚蔬菜种植面积

根据调查结果，商丘市的大棚蔬菜面积最大，中牟县次之，登封市最小。商丘市平均每户菜农拥有4.61（±1.01）亩大棚蔬菜，中牟县为3.54（±1.45）亩，登封市为0.90（±0.02）亩（见表7-4）。据调查，商丘市的菜农在家庭经济条件上相对优越，其在大棚蔬菜种植上的投入较多，投资额和资源配置相对较高。

表7-4 大棚蔬菜的种植面积（mean±SD，n=405）

	单位	中牟县	登封市	商丘市	总体均值
大棚面积	亩	3.54±1.45	0.90±0.02	4.61±1.01	2.83±1.85

7.4 大棚蔬菜的投入情况

7.4.1 劳动投入

由于大棚规模、土地质量、灌溉方式以及管理方式等因素的影响，大棚蔬菜种植的劳动投入存在差异。本节讨论的大棚蔬菜劳动投入以大棚蔬菜的种菜人数和日均劳动时长来衡量。中牟县大棚蔬菜种菜人数为 1 人、2 人、3 人及以上的比例分别为 7.69%、69.23%和 23.08%；登封市大棚蔬菜种菜人数为 1 人、2 人、3 人及以上的比例分别为 2.68%、81.21%、16.11%；商丘市种菜人数为 1 人的比例为 0，种菜人数为 2 人和 3 人及以上的比例分别为 90.00%、10.00%（见图 7-4）。由此可见，3 个地区的种菜人数以 2 人种植为主。中牟县大棚蔬菜日均劳作时间在 8 小时以下、8~10 小时、10 小时以上的比例分别为 16.03%、73.08%、10.89%；登封市大棚蔬菜日均劳作时间在 8~10 小时、10 小时以上的比例分别为 13.42%和 86.58%；商丘市大棚蔬菜日均劳作时间在 8 小时以下、8~10 小时的比例分别为 25.00%和 75.00%（见图 7-5）。总体来说，登封市大棚蔬菜日均劳作时间最长，中牟县最短。

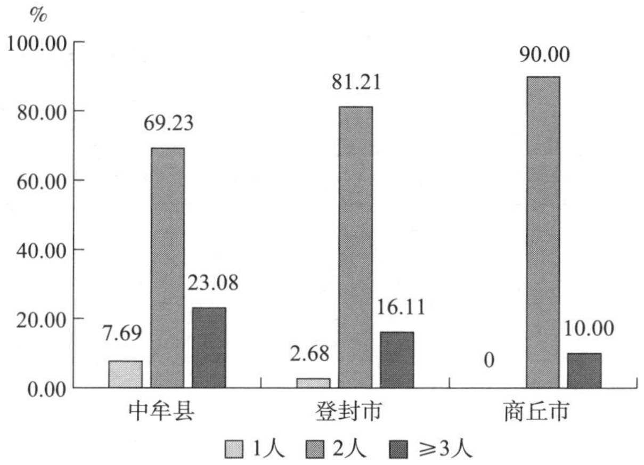

图 7-4 大棚蔬菜的种菜人数

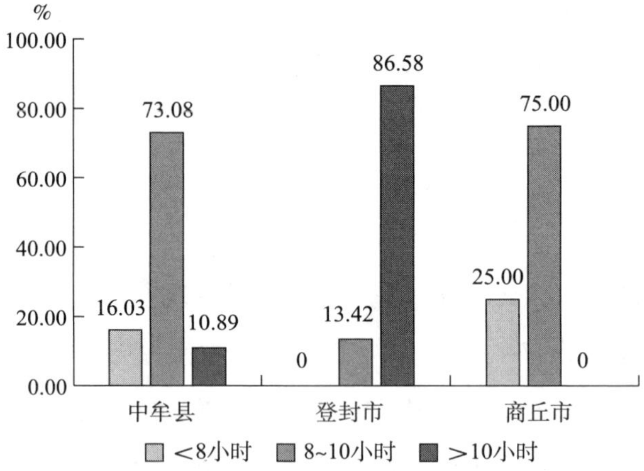

图 7-5 大棚蔬菜的日均劳作时间

3个地区大棚蔬菜的种菜人数均值为2.37（±0.74）人，日均劳动时长均值为10.11（±2.27）小时（见表7-5）。中牟县的种菜人数高于商丘市和登封市，登封市日均劳动时间高于中牟县和商丘市。据调查，登封市的大棚蔬菜因地貌特征为山地，缺乏灌溉设施（如水井或水渠），导致大棚规模较小且灌溉条件不佳。因此，菜农在灌溉方面需要更多的时间和劳动力投入，从而导致了大棚蔬菜的管理和维护需要更多的时间和劳动投入。中牟县和商丘市的农户家庭人口数量相对较多，因此具备更充足的农业劳动力资源，相较于山区，这些地区具备更多从事蔬菜种植的人力资源。

表 7-5 大棚蔬菜的劳动投入（mean±SD，n=405）

指标	单位	中牟县	登封市	商丘市	总体均值
种菜人数	人	2.54±0.93	2.13±0.41	2.45±0.67	2.37±0.74
日均劳动时长	小时	8.80±1.69	12.38±1.28	8.75±1.23	10.11±2.27

7.4.2 经济投入

大棚蔬菜的经济投入涉及多项因素，包括农药投入、化肥投入、棚膜投入、农膜投入、种子投入、灌溉用水投入，以及有机肥投入等。各项经济投入的总体均值中花费最多的是化肥投入和种子投入（见表 7-6），分别为 2341.96（±1301.82）元和 1581.99（±657.37）元；而农药投入、棚膜投入、农膜投入、灌溉用水投入、有机肥投入分别为 1008.12（±678.49）元、1247.85（±136.67）元、177.75（±86.93）元、223.33（±176.74）元和 654.67（±530.39）元。这说明大棚蔬菜的经济投入主要为化肥投入和种子投入，其次是棚膜投入和农药投入。各地区的化肥投入情况存在差异，商丘市的投入水平高于中牟县和登封市。在登封市的大棚蔬菜中，农药的使用量相对较高，这可能与地区差异和农民文化素质差异有关。登封市所在的山区气候多变，作物生长环境相对较差，更容易受到虫害和病害的威胁，因此需要使用更多的农药来保护作物的生长。此外，由于山区菜农的受教育水平和科技水平相对较低，部分山区菜农缺乏农业生产的相关知识，对农药存在盲目使用行为，导致农药使用量的增加。

表 7-6　大棚蔬菜的亩均经济投入（mean±SD，n=405）　　单位：元

指标	单位	中牟县	登封市	商丘市	总体均值
农药	元	397.68±242.69	1419.46±98.24	1122.96±833.28	1008.12±678.49
化肥	元	1761.32±870.67	1876.51±101.60	3643.96±1833.24	2341.96±1301.82
棚膜	元	1188.25±175.83	1209.39±49.78	1207.24±82.16	1247.85±136.67
农膜	元	130.19±58.47	231.67±49.58	135.05±80.20	177.75±86.93
种子	元	1666.37±562.79	1328.18±112.15	1618.19±1101.63	1581.99±657.37
灌溉用水	元	97.20±35.15	407.38±26.87	81.29±31.43	223.33±176.74
有机肥	元	650.86±335.05	298.65±41.89	1144.51±754.13	654.67±530.39

7.5　大棚蔬菜的种植障碍

7.5.1　自然灾害

大棚种植可能会遇到干旱、霜冻等各种自然灾害。各地区菜农对自然

灾害阻碍蔬菜生产的态度表现出明显的差异。中牟县和商丘市的菜农比较一致，认为自然灾害对大棚蔬菜的生产具有显著的负面影响，比例分别为69.87%和83.00%；而登封市的菜农对此问题的态度则相对较为分散，有21.15%的农户表示一般，32.89%的受访人表示赞同，而37.59%的受访人则表示不赞同或强烈不赞同（见图7-6）。

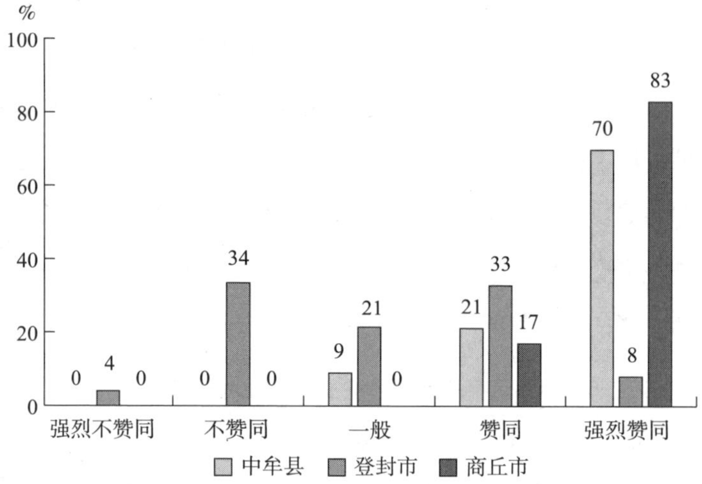

图7-6 大棚自然灾害

7.5.2 缺乏大棚管理技术

区域专业化生产、种植习惯和技能等条件限制以及管理结构不合理都可能导致蔬菜产量减少。针对缺乏大棚管理技术这一问题，不同地区的菜农对其态度存在显著差异。登封市的菜农对缺乏大棚管理技术表示强烈赞同和赞同的比例最高，达到61.74%（见图7-7）。相比之下，平原区的中牟县和商丘市的菜农表示强烈赞同和赞同的比例较低，分别为32.05%和22.00%。

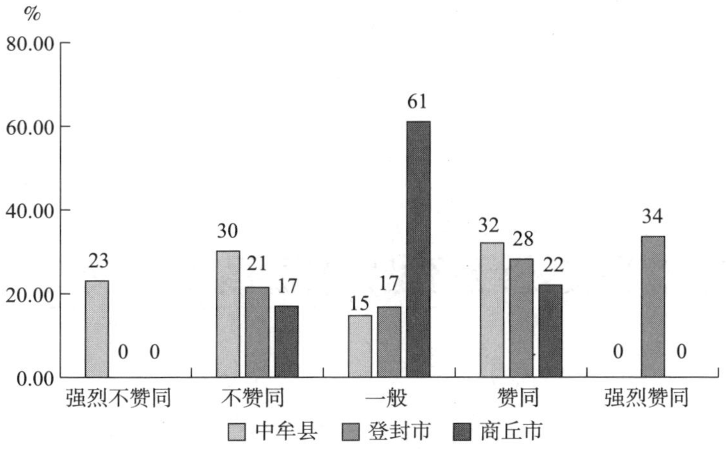

图 7-7 缺乏大棚管理技术

7.5.3 种植品种结构不合理

蔬菜品种的多样性是衡量一个地区生活水平高低的标准，一个地区大棚蔬菜种植品种比较单一，缺乏更具市场竞争力的新特品种，将制约农民经济收入的进一步提高。在对大棚品种结构的认识上（见图 7-8），中牟县的菜农认为需要对大棚种植的蔬菜品种重新规划，对大棚品种结构不合理表示赞同和强烈赞同的比例高达 49.36%，而登封市、商丘市菜农认为大棚内蔬菜品种结构较为合理，对大棚品种结构不合理表示不赞同和强烈不赞同的比例高达 55.70%、55.00%。

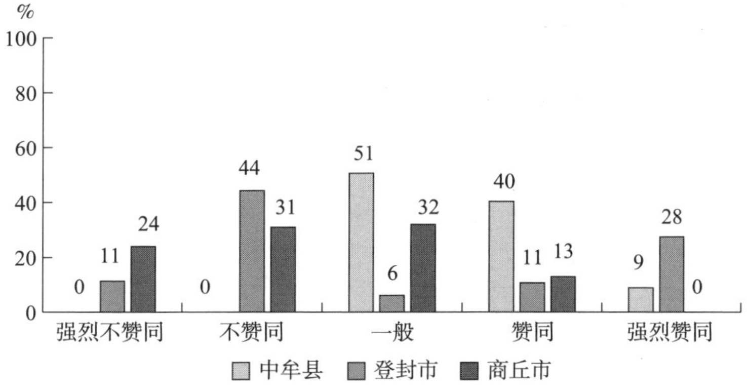

图 7-8 大棚品种结构不合理

8

能值视域下城郊经济型大棚蔬菜种植效益评价

基于河南省城郊大棚蔬菜种植信息的调查数据，依据大棚蔬菜的投入产出结果，评估其种植效益。本书选用能值分析法进行效益评估，该方法能同时考虑社会经济价值和可持续发展能力。能值分析法通过太阳能值转换率对系统中各种资源投入和农业产出品进行量化，并以能值为计量单位，以此进行比较分析。该方法解决了“能量壁垒”问题，从而使得能值分析法更加科学、合理。由于太阳能是一切物质的能量来源和基础，自然界中所有物质进行的能量流动和转换都基于此进行，因此可以使用太阳能值作为量化标准来衡量自然界中各种不同类型的能量。

8.1 大棚蔬菜能值投入与产出

以研究区域的调查数据与统计数据为依据，结合能值转换率，将各资源原始数据转换成能值，建立对应的能值分析表，对大棚蔬菜的能值投入产出现状进行分析。各地区能值投入结构如图 8-1 所示。

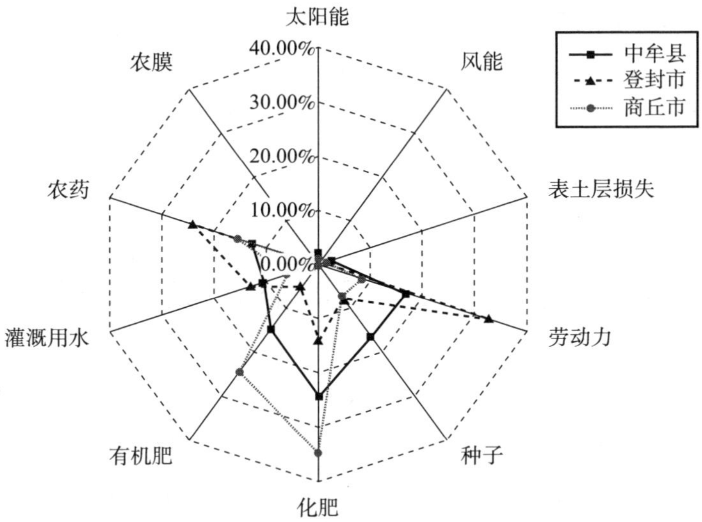

图 8-1　能值投入结构

8.1.1　中牟县

中牟县大棚蔬菜能值投入结构中（见表 8-1），总辅助性资源投入总能值为 7.46E+16sej，单位面积能值为 1.96E+11sej/m^2，占系统总投入能值的 95.6%。总环境资源投入总能值为 3.50E+15sej，单位面积能值为 9.19E+09sej/m^2，占系统总投入能值的 4.4%。可更新资源投入能值为 4.73E+16sej，单位面积能值为 1.24E+11sej/m^2，占系统总投入能值的 60.7%。不可更新资源投入能值为 3.09E+16sej，单位面积能值为 8.10E+10sej/m^2，占系统总投入能值的 39.3%（见图 8-1）。

表 8-1　中牟县大棚蔬菜能值分析

项目	单位	能值转换率/(sej/unit)	单位面积能值/(sej/m^2)	总能值/sej
太阳能	J	1.00E+00	4.24E+09	1.62E+15
风能	J	1.90E+03	1.26E+08	4.80E+13
表土层损失	J	7.94E+03	4.83E+09	1.84E+15

续表

项目	单位	能值转换率/(sej/unit)	单位面积能值/(sej/m^2)	总能值/sej
劳动力	J	4.83E+04	3.43E+10	1.31E+16
种子	g	8.38E+04	3.39E+10	1.29E+16
化肥	g	2.80E+09	4.99E+10	1.90E+16
有机肥	J	2.70E+04	3.02E+10	1.15E+16
灌溉用水	t	8.99E+09	2.13E+10	8.12E+15
农药	g	2.06E+09	2.60E+10	9.89E+15
农膜	g	4.83E+08	3.59E+08	1.37E+14
总能值投入	—	—	2.05E+11	7.81E+16
总能值产出	—	—	1.25E+12	4.77E+17
可更新资源	—	—	1.24E+11	4.73E+16
不可更新资源	—	—	8.10E+10	3.09E+16
环境资源能值	—	—	9.19E+09	3.50E+15
辅助性资源能值	—	—	1.96E+11	7.46E+16
可更新环境资源（R）	—	—	4.37E+09	1.66E+15
不可更新环境资源（N）	—	—	4.83E+09	1.84E+15
可更新辅助性资源（R_1）	—	—	1.20E+11	4.56E+16
不可更新辅助性资源（F）	—	—	7.62E+10	2.90E+16

环境资源投入包括可更新环境资源投入（R）和不可更新环境资源投入（N）。R 是一个地区农业发展的基础条件，从长远来看，具有较高 R 值的系统在经济压力之下更宜生存。由表 8-1 可知，环境资源投入能值中最大值为太阳能，总能值为 1.62E+15sej，单位面积能值为 4.24E+09sej/m^2；风能值为 4.80E+13sej，单位面积能值为 1.26E+08sej/m^2。太阳能值投入在可更新环境资源投入能值中占比高达 80.74%，占总能值投入的比例为 2.07%。中牟县年平均日照 2366 小时，年平均气温 14.2℃，光热资源十分丰富，为农业生产创造了有利条件。N 主要为表土层损失 1.84E+15sej，单位面积能值为 4.83E+09sej/m^2，占系统总能值投入的 2.35%。这部分能值

投入的大小与系统的耕地面积密切相关，不可更新环境资源投入能值占总能值投入的比例与其他两市相比较高，原因是中牟县多年来坚持发展大棚果蔬产业，目前中牟县大棚蔬菜约为 3.5 万亩，占郑州市设施蔬菜面积的 70%。同时也反映出中牟县农业资源丰富。

不可更新辅助性资源（F）投入方面，化肥投入能值为 1.90E+16sej，单位面积能值为 4.99E+10sej/m^2，其能值投入占 F 的比例为 65.47%。农药投入能值为 9.89E+15sej，单位面积能值为 2.60E+10sej/m^2，占 F 的比例为 34.06%。农膜投入能值为 1.37E+14sej，单位面积能值为 3.59E+08sej/m^2，占比不足 1%。化肥与农药投入对系统发展起着重要的作用。

在可更新辅助性资源投入（R_1）方面，占比最高的是劳动力投入，总能值为 1.31E+16sej，单位面积能值为 3.43E+10sej/m^2，占 R_1 的比例高达 28.69%。种子投入能值为 1.29E+16sej，单位面积能值为 3.39E+10sej/m^2，其能值占 R_1 的比例为 28.29%。有机肥投入能值为 1.15E+16sej，单位面积能值为 3.02E+10sej/m^2，其能值投入占 R_1 的比例为 25.20%，说明该系统较好地利用了充足的有机肥资源。灌溉用水投入能值为 8.12E+15sej，单位面积能值为 2.13E+10sej/m^2，占可更新辅助性资源投入能值的 17.82%。

8.1.2 登封市

登封市大棚蔬菜能值投入结构中（见表 8-2），总辅助性资源投入能值为 5.19E+16sej，单位面积能值为 2.89E+11sej/m^2，占系统总投入能值的 97.22%。总环境资源投入能值为 1.49E+15sej，单位面积能值为 8.27E+09sej/m^2，占系统总投入能值的 2.78%。可更新资源投入能值为 3.20E+16sej，单位面积能值为 1.78E+11sej/m^2，占系统总投入能值的 59.97%。不可更新资源投入能值为 2.14E+16sej，单位面积能值为 1.19E+11sej/m^2，占系统总投入能值的 40.03%（见图 8-1）。

环境资源投入能值为 1.49E+15sej，占比 2.78%。其中太阳能投入能值为4.57E+14sej，单位面积能值为5.09E+09sej/m²。风能投入能值为5.34E+13sej，单位面积能值为5.94E+08sej/m²。太阳能值在环境资源投入能值中占比高达97.12%，占总能值投入的比例为0.86%。与其他两个县（市）的分析结果相比，登封市太阳能投入占比较低。不可更新环境资源能值投入主要为表土层损失，总能值为9.75E+14sej，单位面积能值为1.09E+10sej/m²，占系统总能值投入的2.35%。

表8-2 登封市大棚蔬菜能值分析

项目	单位	能值转换率/(sej/unit)	单位面积能值/(sej/m²)	总能值/sej
太阳能	J	1.00E+00	5.09E+09	4.57E+14
风能	J	1.90E+03	5.94E+08	5.34E+13
表土层损失	J	7.94E+03	1.09E+10	9.75E+14
劳动力	J	4.83E+04	9.79E+10	1.76E+16
种子	g	8.38E+04	2.42E+10	4.34E+15
化肥	g	2.80E+09	4.15E+10	7.46E+15
有机肥	J	2.70E+04	1.53E+10	2.75E+15
灌溉用水	t	8.99E+09	3.80E+10	6.83E+15
农药	g	2.06E+09	7.12E+10	1.28E+16
农膜	g	4.83E+08	7.97E+08	1.43E+14
总能值投入	—	—	2.97E+11	5.34E+16
总能值产出	—	—	3.92E+11	7.04E+16
可更新资源	—	—	1.78E+11	3.20E+16
不可更新资源	—	—	1.19E+11	2.14E+16
环境资源能值	—	—	8.27E+09	1.49E+15
辅助性资源能值	—	—	2.89E+11	5.19E+16
可更新环境资源（R）	—	—	2.84E+09	5.11E+14
不可更新环境资源（N）	—	—	5.43E+09	9.75E+14
可更新辅助性资源（R_1）	—	—	1.75E+11	3.15E+16
不可更新辅助性资源（F）	—	—	1.14E+11	2.04E+16

不可更新辅助性资源（F）投入方面，化肥投入能值为7.46E+15sej，单位面积能值为4.15E+10sej/m^2，其能值投入占F的比例为36.58%。农药投入能值为1.28E+16sej，单位面积能值为7.12E+10sej/m^2，其能值投入占F的比例为62.72%。农膜投入能值为1.43E+14sej，单位面积能值为7.97E+08sej/m^2，占比不足1%。

可更新辅助性资源投入（R_1）能值中占比最高的为劳动力投入能值1.76E+16sej，单位面积能值为9.79E+10sej/m^2，占比为55.80%。种子投入能值为4.34E+15sej，单位面积能值为2.42E+10sej/m^2，其能值投入占R_1的比例为13.78%。有机肥投入能值为2.75E+15sej，单位面积能值为1.53E+10sej/m^2，其能值投入占R_1的比例为8.73%。灌溉用水投入能值为6.83E+15sej，单位面积能值为3.80E+10sej/m^2，其能值投入占R_1的比例为21.69%。在大棚蔬菜生产系统所利用的资源中，有机肥投入占全部能值投入的5.15%，远低于中牟县与商丘市的14.71%和24.39%，这表明登封市大棚蔬菜生产中存在有机肥资源利用不足的问题。

通过以上分析可以发现，登封市大棚蔬菜的能值投入结构呈现的特征有：大棚蔬菜种植过程中不可更新辅助性资源投入能值较高，其中，农药投入比例最高，说明在农药的使用上可能存在不合理利用行为。有机肥的施用比例较低，系统对可更新辅助性资源的利用效率没有达到最优，这种发展模式将影响农业的可持续性。劳动力仍然是维持该系统运转的主要动力之一，在可更新辅助性资源投入中占比最高。

8.1.3 商丘市

商丘市大棚蔬菜能值投入结构中（见表8-3），总辅助性资源投入能值为9.39E+16sej，单位面积能值为3.06E+11sej/m^2，占系统总投入能值的96.66%。总环境资源能值为3.25E+15sej，单位面积能值为1.06E+10sej/m^2，占系统总投入能值的3.34%。可更新资源投入能值为4.67E+16sej，单位面积能值为1.52E+11sej/m^2，占系统总投入能值的48.04%。不可更新资源投入能值为 5.05E+16sej，单位面积能值为 1.64E+11sej/m^2，占系统总投入能值的 51.96%（见图 8-1）。

环境资源能值投入中太阳能投入能值为 1.51E+15sej，单位面积能值为 4.91E+09sej/m^2。风能投入能值为 2.04E+13sej，单位面积能值为 6.63E+07sej/m^2。在 R_1 中太阳能投入占比为 98.67%，占总能值投入的比例为 1.55%。不可更新能值投入主要为表土层损失，总能值为 1.72E+15sej，单位面积能值为 5.59E+09sej/m^2，占系统总能值投入的 1.77%。

不可更新辅助性资源投入（F）方面，化肥投入能值为 3.37E+16sej，单位面积能值为 1.10E+11sej/m^2，其能值投入占 F 的比例为 69.01%。农药投入能值为 1.50E+16sej，单位面积能值为 4.88E+10sej/m^2，其能值投入占 F 的比例为 30.77%。农膜投入能值为 1.08E+14sej，单位面积能值为 3.52E+08sej/m^2，其能值投入占 F 的比例不足 1%。

可更新辅助性资源投入能值（R_1）占比最高的为有机肥能值投入，总能值为 2.37E+16sej，单位面积能值为 7.71E+10sej/m^2，占可更新辅助性资源投入能值的比重高达 52.48%。系统的农业生产依赖大量有机肥的投入，较高的有机肥投入对于提高土壤肥力，保证蔬菜高产稳产有重要意义。种子投入能值为 7.27E+15sej，单位面积能值为 2.37E+10sej/m^2，占 R_1 的比例为 16.10%。劳动力投入能值为 8.33E+15sej，单位面积能值为 2.71E+10sej/m^2，占 R_1 的比例为 18.46%。灌溉用水投入能值为 5.85E+15sej，单位面积能值为 1.91E+10sej/m^2，占 R_1 的 12.96%。

表 8-3　商丘市大棚蔬菜能值分析

项目	单位	能值转换率/(sej/unit)	单位面积能值/(sej/m^2)	总能值/sej
太阳能	J	1.00E+00	4.91E+09	1.51E+15
风能	J	1.90E+03	6.63E+07	2.04E+13
表土层损失	J	7.94E+03	5.59E+09	1.72E+15
劳动力	J	4.83E+04	2.71E+10	8.33E+15

续表

项目	单位	能值转换率/(sej/unit)	单位面积能值/(sej/m^2)	总能值/sej
种子	g	8.38E+04	2.37E+10	7.27E+15
化肥	g	2.80E+09	1.10E+11	3.37E+16
有机肥	J	2.70E+04	7.71E+10	2.37E+16
灌溉用水	t	8.99E+09	1.91E+10	5.85E+15
农药	g	2.06E+09	4.88E+10	1.50E+16
农膜	g	4.83E+08	3.52E+08	1.08E+14
总能值投入	—	—	3.16E+11	9.72E+16
总能值产出	—	—	1.82E+12	5.61E+17
可更新资源	—	—	1.52E+11	4.67E+16
不可更新资源	—	—	1.64E+11	5.05E+16
环境资源能值	—	—	1.06E+10	3.25E+15
辅助性资源能值	—	—	3.06E+11	9.39E+16
可更新环境资源（R）	—	—	4.98E+09	1.53E+15
不可更新环境资源（N）	—	—	5.59E+09	1.72E+15
可更新辅助性资源（R_1）	—	—	1.47E+11	4.52E+16
不可更新辅助性资源（F）	—	—	1.59E+11	4.88E+16

8.1.4 综合比较分析

通过计算分析平原区与山区大棚蔬菜的资源投入结构，两种地形区大棚蔬菜的环境资源投入比例相差不大，且在总资源投入中比重较低，而辅助性资源投入占主要部分。在资源投入结构中，平原区的中牟县、商丘市的化肥资源投入、有机肥资源投入远高于山区的登封市，而登封市的农药资源投入、劳动力资源投入高于平原区，两种地形区大棚蔬菜的资源投入选择存在差异。平原区大棚蔬菜依赖化肥、有机肥等辅助性资源投入，可能的原因为中牟县、商丘市等平原地区多为沙质土壤或旱地，土壤质量普遍较差，依靠化肥、有机肥料可以有效改善土壤质量；而山区大棚蔬菜主要依靠劳动力投入、农药投入，山区蔬菜生产规模较小，调查样本中平均每户大棚面积不足 1 亩，难以获得大量的投入资金，因此无法使用大量的化肥、有机肥等农业生产资料，需要劳动力投入的支持来完成各种种植和管理任务。山区大棚蔬菜的生产模式相对简单，往往以小规模的家庭农场为主，且主要面向当地的消费市场。相较于平原地区，山区消费者对蔬菜的品种和品质要求较低，价格也相对较低，因此农民更倾向于使用农药等化学用品进行病虫害防治，以获得更高的产量和经济效益。

8.2 大棚蔬菜能值指标分析

为了评估大棚蔬菜的发展水平，本节通过分析该系统的资源投入和产出能值大小及其结构，并结合大棚蔬菜自身发展特征，建立相应的能值指标评价体系。通过该评价体系，可以深入分析大棚蔬菜的投入结构和发展情况，了解其经济效益、环境效益等方面的表现。本节选取能值—货币价值（*EmRMB*）、能值投资率（*EIR*）、净能值产出率（*EYR*）、环境负载率（*ELR*）、能值可持续发展指数（*ESI*），来对河南省城郊大棚蔬菜生产系统的经济效益、环境可持续性等方面进行综合性的分析和评价（见表 8-4）。

表 8-4 大棚蔬菜能值指标

指标	中牟县	登封市	商丘市	均值
EIR	21.31	34.92	28.93	28.39
EYR	6.39	1.36	5.97	4.57
ELR	0.65	0.67	1.08	0.80
ESI	9.78	2.03	5.52	5.78
EmRMB/元	15485.45	8946.75	13983.08	12805.09

8.2.1 能值投资率

能值投资率是辅助性资源所投入的能值（R_1+F）与环境资源系统所投入的能值（$R+N$）之间的比值，反映了系统对外部经济投入的依赖程度，是衡量一个系统经济发展程度的指标。中牟县、登封市、商丘市大棚蔬菜生产系统的能值投资率为21.31、34.92、28.93，说明研究区域大棚蔬菜生产系统能值投入量较高，蔬菜产业经济发展比较活跃，蔬菜生产的集约化程度较高（见表8-4）。根据能值投入结构指标分析结果，不可更新环境资源的能值投入占比相对稳定，对系统总能值投入的影响较小。尽管经济投入总量较大，但由于其利用效率较低，导致生产成本增加，市场竞争力较弱。

8.2.2 净能值产出率

净能值产出率等于大棚蔬菜产出的能值与辅助性资源投入能值之比。中牟县、登封市、商丘市大棚蔬菜生产系统的净能值产出率为6.39、1.36、5.97（见表8-4）。商丘市、中牟县所调查样本的大棚蔬菜生产效率较高，均为登封市样本的4倍以上，表明其较好地利用了化肥、有机肥等本地资源，通过这些农业资源的合理利用，将其转化为有效能值产出，促进了社会经济的发展。这与各地区的资源投入结构和方式有关，商丘市所调查样本的投入强度、辅助性资源投入比例最高，登封市所调查样本的化肥、有机肥投入占比仅为13.98%、5.15%，而中牟县、商丘市等平原地区所选样本的大棚蔬菜生产较依赖辅助性资源。研究区域内大棚蔬菜生产系统的净能值产出率均值为4.57，表明大棚蔬菜生产系统对投入的辅助性资源转化率较好，整体功能及生产运转效率较高。

8.2.3 环境负载率

环境负载率是用来衡量系统中能量流动过程对外部环境所造成的压力，是不可更新资源投入的能值与可更新资源投入的能值之间的比值。中牟县、登封市、商丘市大棚蔬菜生产系统的环境负载率为 0.65、0.67、1.08，商丘市大棚蔬菜生产对自然环境造成的压力最大，中牟县造成的压力最小（见表 8-4）。研究区域内大棚蔬菜生态系统的环境负载率均值为 0.80，说明大棚蔬菜发展对环境的压力相对较小，环境资源的开发利用还有一定潜力。

8.2.4 能值可持续发展指数

可持续性指标是反映系统可持续性的综合指标。中牟县、登封市、商丘市大棚蔬菜生产系统的能值可持续发展指数为 9.78、2.03、5.52，中牟县大棚蔬菜种植可持续发展能力最强，登封市最弱（见表 8-4）。各地区的不可更新资源投入水平差异显著，登封市在大棚蔬菜生产中经济投入水平与其他地区相比较低，对化肥、有机肥的利用率较低，蔬菜生产没有得到充足的资源投入，导致其净能值产出率较低，蔬菜产量不高。研究区域内大棚蔬菜生态系统的能值可持续发展指数均值为 5.78，表明大棚蔬菜农业生产经济系统的可持续发展能力仍然具有较强的潜能。

8.2.5 能值—货币价值

能值—货币价值是指将生态系统或生态经济系统物质和能量的能值转化为市场货币的表现形式。在本书中，平原区的中牟县和商丘市的亩均能值—货币价值分别达到 15485.45 元和 13983.08 元，均远高于山区（登封市）的亩均能值—货币价值（8946.75 元），说明平原区的大棚蔬菜生产具有较高的宏观经济贡献能力，比山区小规模大棚蔬菜种植有较高的生态经济价值（见表 8-4）。

9

城郊经济型大棚蔬菜种植效益驱动因素分析

9.1 理论基础和研究假设

9.1.1 研究方法

首先，运用 Pearson 相关性分析，筛选与大棚蔬菜经济效益和能值可持续发展指数显著相关的影响因素。其次，基于相关分析结果，运用线性回归分析和通径分析方法，深入分析各相关因素对大棚蔬菜经济效益和能值可持续发展指数的驱动作用。

9.1.2 研究假设

菜农的个体特征是指菜农个人的背景、经验和能力等方面的差异，会影响其在种植大棚时的决策能力、技能水平和偏好，从而对种植效益产生影响，包括但不限于年龄、性别、农业技术水平、受教育水平和身体健康程度等。大量文献证实了菜农个体特征与种植效益之间的关系密切。

菜农的家庭特征是指与其家庭有关的诸多因素，包括但不限于家庭规模、家庭成员年龄构成、家庭资本和财富等。拥有更好经济条件的家庭可以提供更好的资金投入和土地资源，提高生产效率和产量。此外，家庭成员的劳动力也是影响大棚种植的重要因素。更多的劳动力可以提高生产力和管理效率，进一步提高产量和经济效益。目前大量的国内外研究证明了菜农的家庭特征是影响种植效益的关键因素。

大棚蔬菜的种植特征是指影响蔬菜生长和发育的种植环境和管理方式，包括但不限于种植规模、经济投入、管理方式、地理位置等方面。一般来说，大规模种植往往具有规模经济效应，能够降低单位面积成本并提高产出效率，而经济投入水平较高的大棚往往采用更为先进的技术和设备，能够提高种植效率和品质；城市边缘化程度高的地区一般地理位置较为偏远，运输成本较高且较难获取优质的生产要素，从而影响种植效益。

基于上述理论，本书从菜农的个体特征、菜农的家庭特征、大棚的种植特征等方面对大棚蔬菜的种植效益的影响因素进行分析，并提出以下假设：

H1：菜农的个体特征对大棚蔬菜的种植效益有显著影响。菜农的个体特征包括菜农年龄、菜农性别、从事农业活动年限、菜农受教育水平、菜农身体素质。

H2：菜农的家庭特征对大棚蔬菜的种植效益有显著影响。菜农的家庭特征包括家庭年均收入、家庭人口数、家庭抚养比。

H3：大棚的种植特征对大棚蔬菜的种植效益有显著影响。大棚的种植特征包括大棚面积、大棚到城镇距离、大棚经济投入、大棚劳作强度。

本书从农户的微观视角出发，在选取调查对象时排除了农业公司运作的大棚蔬菜，且所选区域均无大棚种植补贴及农业保险等政府支持，因此在选取影响因素时未考虑公司运作与政策支持等宏观因素对大棚蔬菜种植的影响。

9.1.3 数据处理

关于大棚蔬菜经济效益与可持续发展能力的影响因素分析，分别设因变量为净能值产出率（*EYR*）和能值可持续发展指数（*ESI*），自变量为假设变量，本节分析的数据均来自问卷调查统计结果。其中因变量 Y 定义为 EYR 与 ESI；自变量 X 定义为菜农年龄、菜农性别、从事农业活动年限、菜农受教育水平、菜农身体素质、家庭年均收入、家庭人口数、家庭抚养比、大棚面积、大棚经济投入、大棚劳作强度、大棚到城镇距离（见表 9-1）。

表 9-1 变量赋值结果

变量类别	变量名称	变量定义
菜农个体特征	菜农年龄/岁	按实际年龄
	菜农性别（1，2）	男=1，女=2
	从事农业活动年限/年	按实际年限
	菜农受教育水平（1~5）	文盲=1，小学=2，初中=3，高中=4，大学及以上=5
	菜农身体素质（1~5）	非常差=1，较差=2，一般=3，较好=4，非常好=5
菜农家庭特征	家庭年均收入/万元	按实际收入
	家庭人口数/人	按实际人数
	家庭抚养比（1~5）	低于 20%=1，20%~30%（不含）=2，30%~40%（不含）=3，40%~50%=4，高于 50%=5
大棚种植情况	大棚面积/亩	按实际面积
	大棚经济投入/元	按实际投入
	大棚劳作强度（1~5）	弱=1，较弱=2，一般=3，较强=4，强=5
	大棚到城镇距离/千米	按实际距离

9.2 城郊大棚蔬菜经济效益驱动因素

9.2.1 相关性分析

通过能值分析发现，不同农户的大棚管理方式不尽相同，不同地区的大棚蔬菜管理方式也有较大差异，由于家庭经济状况的限制，菜农在种植方面可能会遇到各种限制和困难，这可能导致他们无法使用最新的种植技术和工具，以及购买高质量的种子和肥料等资源。这些限制可能会对他们的农作物产量和质量产生不利影响。本节通过问卷收集的菜农信息以及对大棚蔬菜情况的调查，选择一些可能对大棚蔬菜经济效益造成影响的因素进行相关性分析。首先，菜农的个体特征可能与经济效益具有相关性，菜农劳动力素质会对种植决策产生影响。经济水平的限制可能会阻碍大棚基础设施的建设以及影响生产投入水平从而降低大棚蔬菜的经济效益。大棚的规模化种植对于提高大棚蔬菜的经济效益会有一定的影响。大棚蔬菜的经济投入可直接影响大棚蔬菜种植的经济效益。大棚种植的劳作强度与大棚蔬菜的经济效益也可能具有一定相关性。

本书采用 Pearson 分析法分析各变量和中牟县大棚蔬菜经济效益的相关性。与中牟县大棚蔬菜经济效益呈显著相关关系的变量有菜农身体素质、家庭年均收入、家庭抚养比、大棚面积、大棚劳作强度共 5 个变量（见表 9-2 和图 9-1）。

表 9-2　中牟县大棚蔬菜经济效益相关性分析

变量类别	变量名称	中牟县	
		Pearson 相关性	显著性
	净能值产出率（Y）	1	
菜农个体特征	菜农年龄（X1）	-0.099	0.110
	菜农性别（X2）	0.027	0.369
	从事农业活动年限（X3）	0.116	0.075
	菜农受教育水平（X4）	-0.148	0.065
	菜农身体素质（X5）	0.185*	0.010
菜农家庭特征	家庭年均收入（X6）	0.345**	0.000
	家庭人口数（X7）	0.025	0.377
	家庭抚养比（X8）	-0.221**	0.003
大棚种植情况	大棚面积（X9）	0.255**	0.001
	大棚经济投入（X10）	0.036	0.328
	大棚劳作强度（X11）	-0.190**	0.009
	大棚到城镇距离（X12）	-0.071	0.189

注：**表示在 0.01 水平上显著，*表示在 0.05 水平上显著。

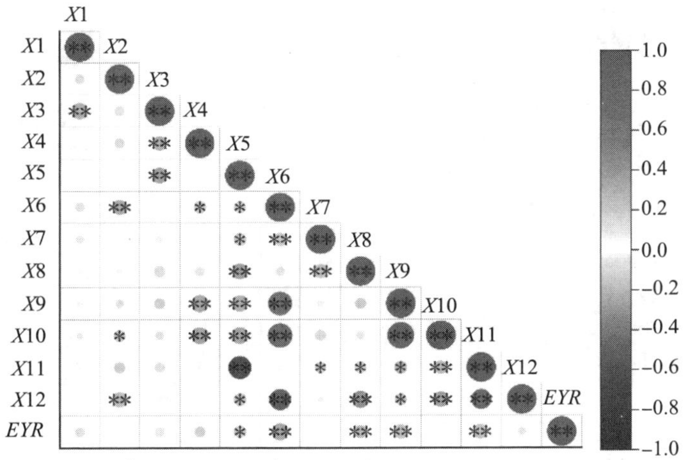

注：*表示P<0.05，**表示P<0.01。

图 9-1　中牟县大棚蔬菜经济效益相关性分析

本书采用 Pearson 分析法分析各变量和登封市大棚蔬菜经济效益的相关性。与登封市大棚蔬菜经济效益呈显著相关关系的变量有菜农年龄、从事农业活动年限、菜农身体素质共 3 个变量（见表 9-3 和图 9-2）。

表 9-3　登封市大棚蔬菜经济效益相关性分析

变量类别	变量名称	登封市	
		Pearson 相关性	显著性
	净能值产出率（Y）	1	
菜农个体特征	菜农年龄（X1）	−0.233**	0.002
	菜农性别（X2）	−0.150	0.068
	从事农业活动年限（X3）	−0.399**	0.000
	菜农受教育水平（X4）	−0.092	0.132
	菜农身体素质（X5）	0.267**	0.001
家庭特征	家庭年均收入（X6）	0.116	0.080
	家庭人口数（X7）	0.058	0.240
	家庭抚养比（X8）	−0.046	0.288
大棚种植情况	大棚面积（X9）	0.101	0.110
	大棚经济投入（X10）	0.115	0.081
	大棚劳作强度（X11）	−0.129	0.059
	大棚到城镇距离（X12）	−0.017	0.417

注：**表示在 0.01 水平上显著。

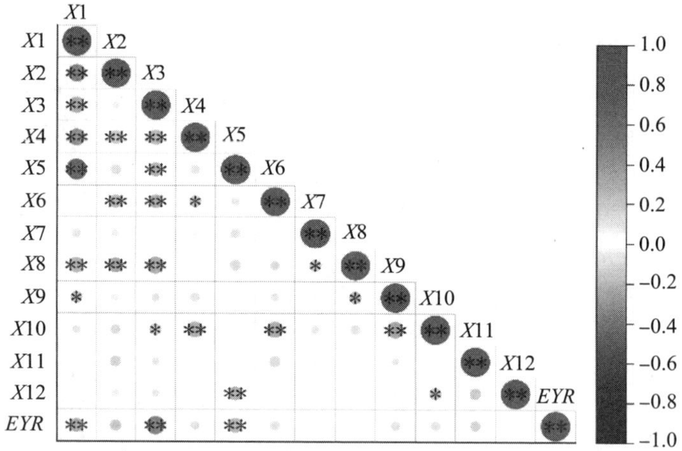

注：*表示P<0.05，**表示P<0.01。

图 9-2　登封市大棚蔬菜经济效益相关性分析

本书采用 Pearson 分析法分析各变量和商丘市大棚蔬菜经济效益的相关性。与商丘市大棚蔬菜经济效益呈显著相关关系的变量有家庭抚养比、大棚经济投入、大棚到城镇距离共 3 个变量（见表 9-4 和图 9-3）。

表 9-4　商丘市大棚蔬菜经济效益相关性分析

变量类别	变量名称	商丘市	
		Pearson 相关性	显著性
	净能值产出率（Y）	1	
菜农个体特征	菜农年龄（X1）	0.115	0.253
	菜农性别（X2）	−0.071	0.485
	从事农业活动年限（X3）	−0.082	0.418
	菜农受教育水平（X4）	−0.173	0.086
	菜农身体素质（X5）	0.004	0.972
家庭特征	家庭年均收入（X6）	0.140	0.164
	家庭人口数（X7）	−0.107	0.291
	家庭抚养比（X8）	−0.235*	0.019
大棚种植情况	大棚面积（X9）	0.016	0.437
	大棚经济投入（X10）	0.613**	0.000
	大棚劳作强度（X11）	0.124	0.220
	大棚到城镇距离（X12）	−0.455**	0.000

注：**表示在 0.01 水平上显著，*表示在 0.05 水平上显著。

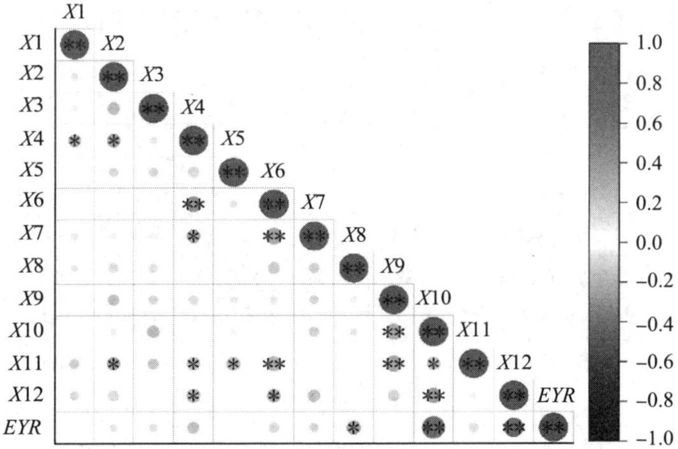

注：*表示$P<0.05$，**表示$P<0.01$。

图 9-3　商丘市大棚蔬菜经济效益相关性分析

9.2.2　回归分析

运用 SPSS 22.0 中多元线性回归模型分析城郊大棚蔬菜各变量对大棚蔬菜经济效益的影响。中牟县回归模型的 R^2 值为 0.246，表明该模型中考虑的菜农身体素质、家庭平均年收入、家庭抚养比、大棚面积、大棚劳作强度等因素可以解释 *EYR* 的 24.6%的变化原因（见表 9-5）。其中，菜农身体素质、家庭抚养比、大棚面积、大棚劳作强度的回归系数均为负值，表明这些因素会对 *EYR* 产生显著的负向影响；而家庭年均收入的回归系数为正值，表明此因素会对 *EYR* 产生显著的正向影响。中牟县受访菜农尽管身体素质良好，可以更快地完成种植、管理等劳动，但他们缺乏专业知识和技能，不能充分地利用辅助性资源，如水、肥料、种子等，导致资源利用效率较低；大棚面积更大的蔬菜生产需要更复杂的管理，如果管理不当，例如不能及时发现病虫害和处理，会导致生产效率下降。而家庭年均收入高意味着农民在大棚经济生产中可以更多地投入资金，例如购买更好的种子、农药和肥料，以及更先进的设备，从而提高生产效率和产量，进而提高经济效益。

表 9-5　城郊大棚蔬菜经济效益线性回归分析

地区	因变量	预测变量	非标准化系数		标准化系数	t	Sig.	R^2	F
			B	标准误差	Beta 值				
中牟县	*EYR*	常量	9. 869	2. 745		3. 595	0. 000	0. 246	8. 803
		菜农身体素质	−0. 254	0. 347	−0. 071	−0. 734	0. 464		
		家庭年均收入	0. 388	0. 092	0. 432	4. 207	0. 000		
		家庭抚养比	−0. 885	0. 376	−0. 186	−2. 354	0. 020		
		大棚面积	−0. 047	0. 235	−0. 023	−0. 201	0. 841		
		大棚劳作强度	−1. 003	0. 419	−0. 227	−2. 395	0. 018		
登封市	*EYR*	常量	1. 317	0. 246		5. 349	0. 000	0. 175	11. 469
		菜农年龄	−0. 001	0. 003	−0. 042	−0. 466	0. 642		
		从事农业活动年限	−0. 008	0. 002	−0. 347	−4. 404	0. 000		
		菜农身体素质	0. 058	0. 031	0. 163	1. 860	0. 065		
商丘市	*EYR*	常量	8. 847	1. 350		6. 554	0. 000	0. 466	10. 660
		家庭抚养比	−0. 973	0. 473	−0. 152	−2. 058	0. 042		
		大棚经济投入	0. 2656	0. 040	0. 509	6. 603	0. 000		
		大棚到城镇距离	−0. 255	0. 066	−0. 297	−3. 867	0. 000		

登封市回归模型的 R^2 值为 0. 175，这表明菜农年龄、从事农业活动年限、菜农身体素质这些变量可以解释 *EYR* 的 17. 5% 的变化原因（见表 9-5）。其中，菜农年龄、菜农从事农业活动年限的回归系数均为负值，这意味着这些影响因素会对 *EYR* 产生显著的负向影响；而菜农身体素质的回归系数为正值，表明菜农身体素质会对 *EYR* 产生显著的正向影响。随着年龄的增长，人体机能和身体素质都会逐渐下降，如力量、耐力、反应速度和灵活性等，年龄较大的菜农可能缺乏接受新技术和新知识的能力，无法及时掌握和应用先进的种植技术和管理方法，这可能影响到菜农在农业生产中的生产效率和产量。

商丘市回归模型的 R^2 值为 0. 466，说明菜农家庭抚养比、大棚经济投入、大棚到城镇距离等可解释 *EYR* 的 46. 6%的变化原因（见表 9-5）。菜农家庭抚养比、大棚到城镇距离的回归系数均为负值，表明它们会对 *EYR*

产生显著的负向影响；大棚经济投入的回归系数为正值，表明此变量会对 *EYR* 产生显著的正向影响。在商丘市选取的变量中，大棚经济投入的回归系数绝对值最高，对经济效益的影响最大。

9.3　城郊大棚蔬菜能值可持续发展指数驱动因素

9.3.1　相关性分析

关于大棚蔬菜可持续发展能力的影响因素分析，本节采用 Pearson 分析法测算各因素和大棚蔬菜能值可持续发展指标（*ESI*）的相关性。根据研究小组走访调查时对各地区实际情况的了解，大棚蔬菜可持续发展能力受多种因素影响，各地区的自然条件和生产状况不同，因此影响因素可能存在差异。关于影响大棚蔬菜可持续发展能力的因素，首先，从菜农个体特征出发，在不同的教育水平下，菜农种植大棚蔬菜的决策不尽相同，进而影响大棚蔬菜的管理方式。其次，经济水平的差异可能会导致菜农种植大棚蔬菜的品种选择与投入水平不同，从而影响大棚蔬菜的可持续发展能力。本节选取的可能存在影响的变量有菜农年龄、菜农性别、从事农业活动年限、菜农受教育水平、菜农身体素质、家庭年均收入、家庭人口数、家庭抚养比、大棚面积、大棚经济投入、大棚劳作强度、大棚到城镇距离。

本书采用 Pearson 分析法分析各变量和中牟县大棚蔬菜能值可持续发展指数的相关性。中牟县共有以下变量与能值可持续发展指数呈显著相关关系：从事农业活动年限、菜农受教育水平、菜农身体素质、家庭抚养比、大棚劳作强度、大棚到城镇距离共 6 个变量（见表 9-6 和图 9-4）。

表 9-6 中牟县大棚蔬菜可持续发展能力相关性分析

变量类别	变量名称	中牟县	
		Pearson 相关性	显著性
	能值可持续发展指数（Y）	1	
菜农个体特征	菜农年龄（X1）	−0.023	0.778
	菜农性别（X2）	0.124	0.122
	从事农业活动年限（X3）	0.219**	0.006
	菜农受教育水平（X4）	−0.461**	0.000
	菜农身体素质（X5）	0.177*	0.027
家庭特征	家庭年均收入（X6）	0.112	0.165
	家庭人口数（X7）	0.081	0.315
	家庭抚养比（X8）	−0.275**	0.001
大棚种植情况	大棚面积（X9）	0.079	0.327
	大棚经济投入（X10）	−0.021	0.793
	大棚劳作强度（X11）	−0.449**	0.000
	大棚到城镇距离（X12）	0.269**	0.001

注：**表示在 0.01 水平上显著，*表示在 0.05 水平上显著。

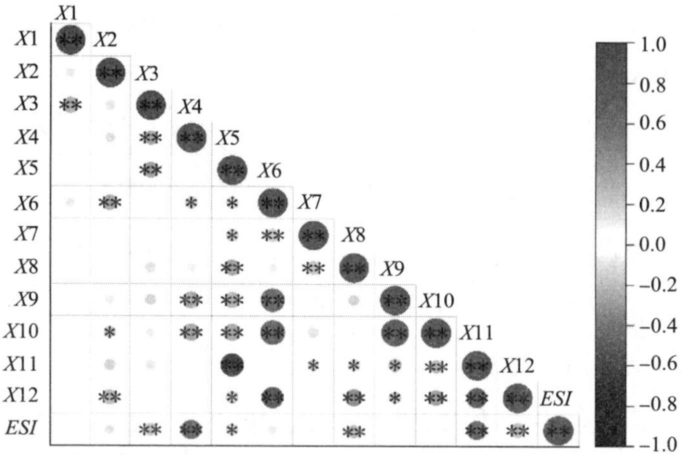

注：*表示$P<0.05$，**表示$P<0.01$。

图 9-4 中牟县大棚蔬菜可持续发展能力相关性分析

本书采用 Pearson 分析法分析各变量和登封市大棚蔬菜能值可持续发展指数的相关性。登封市共有以下变量与能值可持续发展指数呈显著相关关系：菜农年龄、菜农性别、从事农业活动年限、菜农身体素质、大棚劳作强度共 5 个变量（见表 9-7 和图 9-5）。

表 9-7 登封市大棚蔬菜可持续发展能力相关性分析

变量类别	变量名称	登封市	
		Pearson 相关性	显著性
	能值可持续发展指数（Y）	1	
菜农个体特征	菜农年龄（X1）	-0.173*	0.035
	菜农性别（X2）	-0.163*	0.048
	从事农业活动年限（X3）	-0.307**	0.000
	菜农受教育水平（X4）	-0.125	0.128
	菜农身体素质（X5）	0.315**	0.000
家庭特征	家庭年均收入（X6）	0.152	0.065
	家庭人口数（X7）	0.003	0.968
	家庭抚养比（X8）	-0.112	0.176
大棚种植情况	大棚面积（X9）	-0.024	0.768
	大棚经济投入（X10）	-0.074	0.369
	大棚劳作强度（X11）	-0.201*	0.014
	大棚到城镇距离（X12）	-0.071	0.389

注：**表示在 0.01 水平上显著，*表示在 0.05 水平上显著。

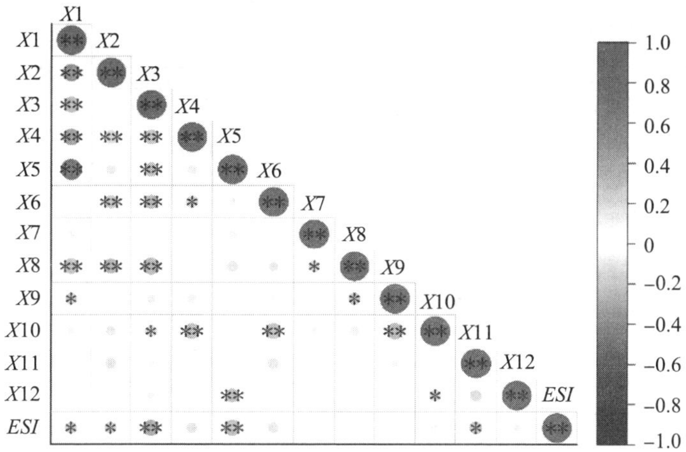

注：*表示P<0.05，**表示P<0.01。

图 9-5 登封市大棚蔬菜可持续发展能力相关性分析

本书采用 Pearson 分析法分析各变量和商丘市大棚蔬菜能值可持续发

展指数的相关性。商丘市共有以下变量与能值可持续发展指数呈显著相关关系：家庭年均收入、大棚面积、大棚经济投入、大棚到城镇距离共 4 个变量（见表 9-8 和图 9-6）。

表 9-8　商丘市大棚蔬菜可持续发展能力相关性分析

变量类别	变量名称	商丘市	
		Pearson 相关性	显著性
	能值可持续发展指数（*Y*）	1	
菜农个体特征	菜农年龄（*X*1）	0. 166	0. 099
	菜农性别（*X*2）	−0. 112	0. 268
	从事农业活动年限（*X*3）	0. 022	0. 830
	菜农受教育水平（*X*4）	−0. 064	0. 524
	菜农身体素质（*X*5）	0. 054	0. 597
家庭特征	家庭年均收入（*X*6）	0. 174*	0. 043
	家庭人口数（*X*7）	−0. 022	0. 826
	家庭抚养比（*X*8）	0. 130	0. 198
大棚种植情况	大棚面积（*X*9）	−0. 560**	0. 000
	大棚经济投入（*X*10）	0. 185*	0. 045
	大棚劳作强度（*X*11）	0. 156	0. 122
	大棚到城镇距离（*X*12）	−0. 406**	0. 000

注：**表示在 0. 01 水平上显著，*表示在 0. 05 水平上显著。

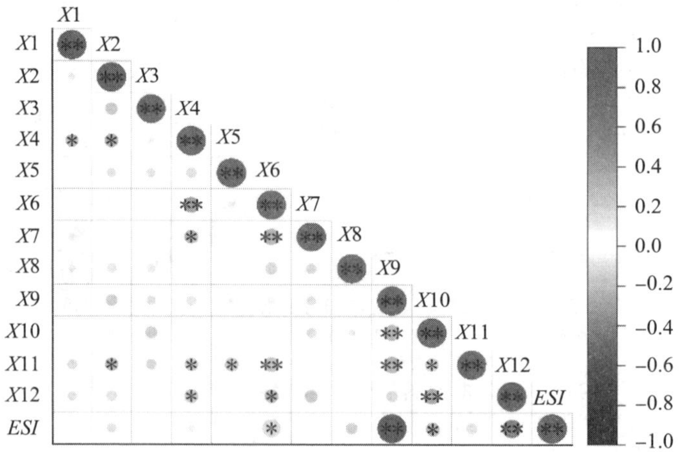

注：*表示$P<0.05$，**表示$P<0.01$。

图 9-6　商丘市大棚蔬菜可持续发展能力相关性分析

9.3.2 通径分析

为了进一步了解各因素对大棚蔬菜能值可持续发展指数（*ESI*）的影响，在相关分析的基础上，选取与大棚蔬菜 *ESI* 值显著相关的因素进行通径分析。中牟县大棚蔬菜 *ESI* 的通径分析结果表明（见表 9-9 和图 9-7），直接作用系数的绝对值按照大小排序为大棚劳作强度 *X*11（直接作用系数=-0.468）>菜农受教育水平 *X*4（直接作用系数=-0.359）>菜农家庭抚养比（直接作用系数=0.242）>大棚到城镇距离 *X*12（直接作用系数=0.230）>菜农从事农业活动年限 *X*3>菜农身体素质 *X*5（直接作用系数=0.092），大棚劳作强度的直接作用最强，菜农身体素质的直接作用最弱。在间接作用中，菜农身体素质通过大棚劳作强度影响较大，其间接作用系数为-0.076。这表明菜农身体素质虽然对大棚蔬菜 *ESI* 值的直接影响较弱，但会作用于大棚的劳作强度，农户的身体越健康且无疾病影响，其在大棚蔬菜的种植过程中投入的时间和精力就越多，菜农需要经常进行劳动，包括肥料投入、病虫害防治、采摘等操作，因此较好的身体素质可以提高菜农的工作效率和工作质量，有利于推动大棚蔬菜种植的可持续发展。

表 9-9 中牟县大棚蔬菜能值可持续发展指数通径分析

自变量	直接通径系数	间接通径系数						
		总和	*X*3	*X*4	*X*5	*X*8	*X*11	*X*12
*X*3	0.166	0.053		0.037	0.041	-0.028	-0.034	0.037
*X*4	-0.359	-0.102	-0.001		-0.014	-0.032	-0.025	0.031
*X*5	0.092	0.085	0.021	0.005		0.034	0.023	0.003
*X*8	-0.242	-0.102	-0.001	-0.014	-0.028		-0.029	-0.031
*X*11	-0.468	0.019	0.015	-0.018	-0.076	0.052		0.047
*X*12	0.230	0.039	0.014	0.013	0.004	0.006	0.002	

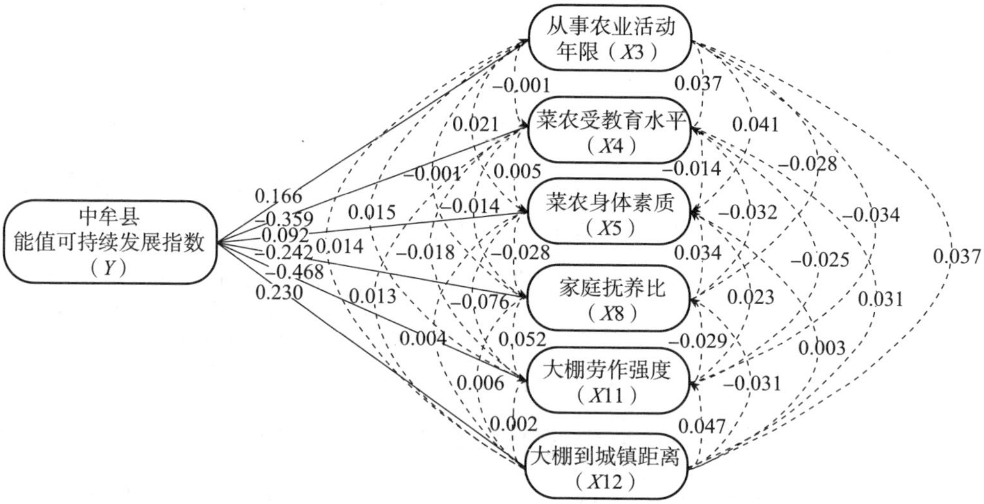

图 9-7　中牟县大棚蔬菜能值可持续发展指数通径分析解析图

登封市大棚蔬菜 *ESI* 的通径分析结果表明（见表 9-10 和图 9-8），直接作用系数的绝对值按照大小排序为菜农从事农业活动年限 *X*3（直接作用系数=-0.232）>菜农身体素质 *X*5（直接作用系数=0.142）>大棚劳作强度 *X*11（直接作用系数=-0.099）>菜农性别 *X*2（直接作用系数=-0.075）>菜农年龄 *X*1（直接作用系数=-0.018）。从事农业活动年限的直接作用最强，菜农年龄的直接作用最弱。具体来说，菜农从事农业生产的时间越长，对新兴技术的接受度可能越不足，而大棚蔬菜的种植技术不断更新换代，如果长期从事农业活动的菜农没有及时跟上这些技术的变化，可能会影响到大棚蔬菜的种植效益。在间接作用中，菜农年龄通过从事农业活动年限的影响最强，其间接作用系数为-0.142，说明随着菜农年龄的增长，其从事农业活动的年限越长，对新技术的接受度可能越会下降，从而导致大棚的效益和能值可持续发展指数下降。

表 9-10　登封市大棚蔬菜能值可持续发展指数通径分析

自变量	直接通径系数	间接通径系数					
		总和	*X*1	*X*2	*X*3	*X*5	*X*11
*X*1	-0.018	-0.155		-0.103	0.085	-0.094	-0.041

续表

自变量	直接通径系数	间接通径系数					
		总和	X1	X2	X3	X5	X11
X2	−0.075	−0.088	−0.012		0.025	−0.005	−0.065
X3	−0.232	−0.075	−0.142	0.006		−0.067	0.075
X5	0.142	0.173	−0.094	0.059	0.074		0.037
X11	−0.099	−0.102	−0.015	−0.028	−0.004	−0.025	

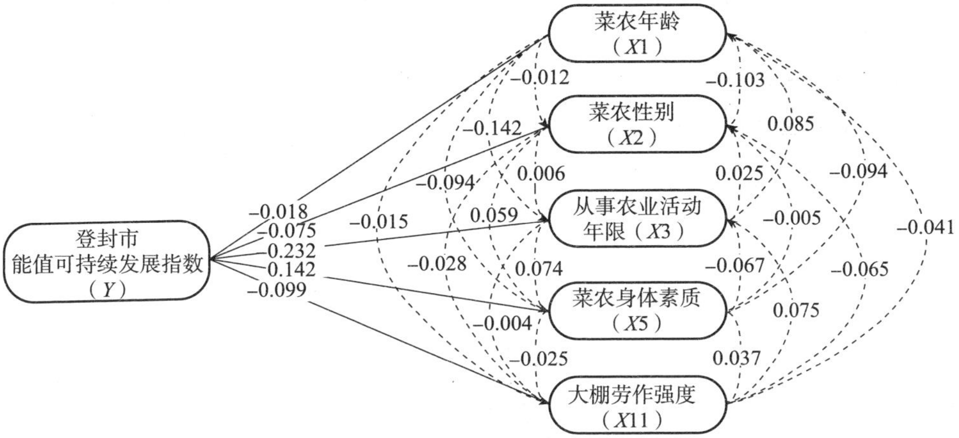

图 9-8　登封市大棚蔬菜能值可持续发展指数通径分析解析图

商丘市大棚蔬菜 *ESI* 的通径分析结果表明（见表 9-11 和图 9-9），直接作用系数的绝对值按照大小排序为大棚面积 *X*9（直接作用系数 = −0.459）>大棚到城镇距离 *X*12（直接作用系数=−0.255）>大棚经济投入 *X*10（直接作用系数 = 0.072）>家庭年均收入 *X*6（直接作用系数 = 0.023）。大棚面积的直接作用最强，家庭年均收入的直接作用最弱。在间接作用中，大棚经济投入通过家庭年均收入的影响较强，其间接作用系数为 0.121，家庭经济状况越好，大棚经济投入越高，其 *ESI* 值越高；家庭年均收入、大棚面积通过大棚到城镇距离的间接影响较强，其间接作用系数为−0.173、0.096。商丘市大棚蔬菜距离城镇越远，大棚面积越大，其 *ESI* 值越高。

表 9-11 商丘市大棚蔬菜能值可持续发展指数通径分析

自变量	直接通径系数	间接通径系数				
		总和	X6	X9	X10	X12
X6	0.023	0.130		0.023	0.121	−0.014
X9	−0.459	−0.130	−0.221		0.061	0.030
X10	0.072	0.206	−0.045	0.088		0.163
X12	−0.255	−0.016	−0.173	0.096	0.061	

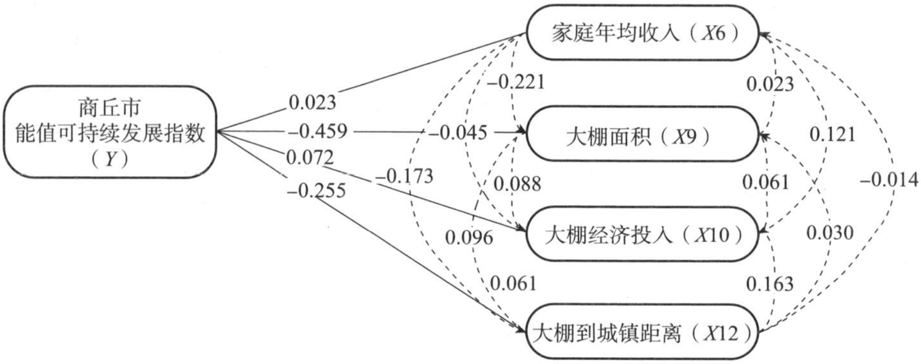

图 9-9 商丘市大棚蔬菜能值可持续发展指数通径分析解析图

9.4 结论与讨论

(1)中牟县大棚蔬菜的经济效益受家庭年均收入、家庭抚养比、大棚劳作强度3个变量的显著影响。家庭年均收入越高,越能够投入大棚生产,其经济效益越高;家庭抚养比越低意味着家庭拥有更多的劳动力资源可供投入大棚蔬菜的生产和管理中,越有可能提高经济效益;大棚劳作强度越低意味着劳动力的投入增加,其经济效益也更高。

登封市大棚蔬菜的经济效益受从事农业活动年限的显著影响。从事农业活动年限的降低反映了新的农业人才加入到大棚蔬菜经济中,具有更高的农业知识和技能,能够更好地投入大棚蔬菜的生产和管理中,从而提高了大棚蔬菜的生产效率和管理水平。

商丘市大棚蔬菜的经济效益受家庭抚养比、大棚经济投入、大棚到城镇距离 3 个变量的显著影响。商丘市家庭抚养比的降低意味着家庭拥有更多的劳动力资源可供投入大棚蔬菜的生产和管理中，更有可能提高经济效益；大棚经济投入越高，表示越多的资源被用于大棚的生产和管理，其经济效益也越高；大棚到城镇距离越近，意味着大棚蔬菜更容易运输到城镇市场，减少了运输成本和时间成本，进而增加了大棚蔬菜的经济效益。

在平原地区中牟县、商丘市，家庭年均收入、家庭抚养比和大棚劳作强度、大棚经济投入、大棚到城镇距离是影响大棚蔬菜经济效益的显著变量。而在山区（登封市），从事农业活动年限是影响大棚蔬菜经济效益的显著变量。在平原区，由于地形平坦、水源丰富、气候适宜等，农作物产量较高，而且市场需求大，菜农可以获得更高的收入；农业生产相对集中，菜农之间可以相互合作，分摊劳动强度和风险，从而减轻了家庭负担；大棚到城镇距离相对较近，运输成本与时间成本较低，并且可以更方便地获得市场信息与农业资料。在山区，由于地形与交通条件的限制，从事农业活动年限越长的菜农可能越缺乏农业技术更新的意识和能力，长期从事同样的农业生产方式，会使得农业技术水平滞后，导致生产效率低下，进而影响大棚蔬菜的经济效益。

（2）根据通径分析结果，大棚劳作强度、大棚面积、从事农业活动年限、菜农受教育水平对大棚蔬菜的能值可持续发展指数的直接作用较强。在山区，菜农身体素质对登封市大棚蔬菜的能值可持续发展指数的直接作用系数最高且为正值，说明在山区菜农的身体素质越好，山区大棚蔬菜的能值可持续发展指数就越高。

在平原区，大棚能值可持续发展指数主要受到大棚面积、大棚到城镇距离、家庭抚养比、菜农受教育水平和大棚劳作强度等多方面的综合影响。大棚面积与大棚到城镇距离对商丘市大棚蔬菜的能值可持续发展指数的直接作用较强且为负值，说明在平原地区大棚面积和到城镇距离的增加会对大棚的可持续发展产生负面影响。平原地区的农业生产更为现代化和规模化，大棚的规模较大，而劳动力不足，因此需要更多的机械化设备和技术来提高生产效率。而远离城镇的大棚蔬菜往往面临着运输成本和时间成本的增加，这会使得农民倾向于采用更加密集的种植方式和高强度的农业生产模式来提高生产效率和收益。这种做法往往会导致土地被过度开垦和化肥农药被过度使用，从而对环境造成负面影响，降低可持续发展指数。菜农受教育水平、家庭抚养比和大棚劳作强度对中牟县大棚蔬菜的能值可持续发展指数的直接影响较强且为负值，较高的家庭抚养比可能会导致农民为了增加家庭收入而过度开垦土地，降低土地的肥力和生产力；菜农受教育水平越高，他们会越倾向于将大棚蔬菜生产视为商业行为而不是传统农业活动，这可能导致投资密度过高而忽略了环境保护和可持续性发展方面的考虑；大棚劳作强度越大，通常意味着劳动力缺乏，需要使用更多的机械化设备和技术来提高生产效率。这些负面影响会导致大棚的可持续发展指数降低。

10

城郊经济型大棚蔬菜轮作模式与优化

大棚蔬菜生产系统是一个半人工半自然的复合生态系统，本章选取了中牟县、登封市、商丘市具有代表性的大棚蔬菜轮作模式进行优化。利用模式能值投入要素和能值产出数据，定量分析各投入要素和能值产出之间的关系，为不同轮作模式的能值投入要素的优化配置提供有效依据。各地区选取模式的标准为在样本蔬菜轮作模式中出现频率最高的 3 个模式。选取结果如表 10-1 所示。蔬菜的育苗阶段不在考虑范围内。

表 10-1　各地区蔬菜轮作模式

地区	序号	项目	描述	样本量
中牟县	模式 1	西红柿—包菜	西红柿于 4 月中旬定植，7 月中旬拔秧，8 月歇地，9 月初种植包菜，至次年 1 月中旬收获。冬季休闲	38
	模式 2	西红柿—青菜	西红柿于 4 月中旬定植，7 月中旬拔秧，8 月歇地，9 月初种植第一茬青菜，11 月中旬收获，于 11 月下旬种植第二茬青菜，次年 1 月中旬收获。冬季休闲	20
	模式 3	黄瓜—包菜	黄瓜于 5 月上旬定植，8 月下旬拔秧，9 月歇地，10 月初种植包菜，至下一年 2 月中旬收获。冬季休闲	25

续表

地区	序号	项目	描述	样本量
登封市	模式 4	黄瓜—花菜	黄瓜于 5 月中旬定植，7 月下旬拔秧，8 月歇地，9 月初种植花菜，至下一年 1 月中旬收获。冬季休闲	25
	模式 5	黄瓜—茄子	黄瓜于 5 月初定植，8 月下旬拔秧，9 月歇地，10 月初种植茄子，至下一年 2 月中旬收获。冬季休闲	19
	模式 6	西红柿—菠菜	西红柿于 4 月中旬定植，7 月中旬拔秧，8 月歇地，在 9 月初种植第一茬菠菜，到 11 月底收获。在 12 月初种植第二茬菠菜，次年 1 月中旬收获	16
商丘市	模式 7	西红柿—黄瓜	西红柿于 4 月中旬定植，7 月中旬拔秧，8 月歇地，9 月初种植黄瓜，11 月下旬收获，12 月初至次年 2 月底为歇地期	23
	模式 8	西红柿—青菜	西红柿于 4 月中旬定植，7 月中旬拔秧，8 月歇地，9 月初种植第一茬青菜，11 月中旬收获。于 11 月下旬开始种植第二茬青菜，次年 1 月中旬收获。于 1 月下旬开始种植第三茬青菜，至下一年 2 月中旬收获。次年 2 月底至 3 月初为青菜歇地期	13
	模式 9	西红柿—莴笋	西红柿于 4 月中旬定植，7 月中旬拔秧，8 月歇地，9 月初可以开始种植莴笋，次年 1 月中旬收获。冬季休闲	11

10.1 不同蔬菜轮作模式能值投入与产出

10.1.1 中牟县

中牟县大棚蔬菜主要蔬菜轮作模式有模式 1“西红柿—包菜”、模式 2“西红柿—青菜”、模式 3“黄瓜—包菜”。其中，模式 1 单位面积投入能值为 2.06E+11sej/m^2，单位面积产出能值为 1.07E+12sej/m^2。能值投入中最高的是化肥投入，为 7.00E+10sej/m^2，占系统总能值投入的 34.01%。环境资源能值为 1.16E+10sej/m^2，辅助性资源能值为 1.95E+11sej/m^2，可更新资源投入为1.07E+11sej/m²，不可更新资源投入为9.92E+10sej/m²，分别占系统总能值投入的5.35%、94.65%、51.89%、48.11%。其中环境资源能值比例为5.35%，高于本地区其他模式，表明模式1“西红柿—包菜”更充分地利用了本地环境资源（见表10-2）。

表10-2 中牟县主要蔬菜轮作模式能值分析表

项目	单位	能值转换率	模式1/(sej/m²)	模式2/(sej/m²)	模式3/(sej/m²)
太阳能	J	1.00E+00	5.10E+09	5.10E+09	5.10E+09
风能	J	1.90E+03	1.51E+08	1.51E+08	1.51E+08
表土层损失	J	7.94E+03	5.80E+09	5.80E+09	5.80E+09
劳动力	J	4.83E+04	3.18E+10	3.28E+10	3.22E+10
种子	g	8.38E+04	6.93E+09	6.61E+09	1.13E+11
灌溉用水	t	8.99E+09	1.83E+10	1.95E+10	3.46E+10
有机肥	J	2.70E+04	4.49E+10	4.01E+10	1.35E+11
化肥	g	2.80E+09	7.00E+10	6.41E+10	6.40E+10
农药	g	2.06E+09	2.26E+10	3.66E+10	3.31E+10
农膜	g	4.83E+08	5.63E+08	1.05E+09	9.80E+08
总能值投入	—	—	2.06E+11	2.12E+11	4.23E+11
总能值产出	—	—	1.07E+12	7.69E+11	1.74E+12
可更新资源	—	—	1.07E+11	1.04E+11	3.19E+11
不可更新资源	—	—	9.92E+10	1.08E+11	1.04E+11
环境资源能值	—	—	1.16E+10	1.10E+10	1.10E+10
辅助性资源能值	—	—	1.95E+11	2.01E+11	4.12E+11
可更新环境资源（R）	—	—	5.25E+09	5.23E+09	5.26E+09
不可更新环境资源（N）	—	—	5.80E+09	5.78E+09	5.80E+09
可更新辅助性资源（R_1）	—	—	1.02E+11	9.89E+10	3.13E+11
不可更新辅助性资源（F）	—	—	9.33E+10	1.02E+11	9.82E+10

模式2单位面积投入能值为2.12E+11sej/m²，单位面积产出能值为7.69E+11sej/m²。能值投入中最高的是化肥投入，为6.41E+10sej/m²，占

系统总能值投入的30.26%。环境资源能值为1.10E+10sej/m^2，辅助性资源能值为2.01E+11sej/m^2，可更新资源投入为1.04E+11sej/m^2，不可更新资源投入为1.08E+11sej/m^2，分别占系统总能值投入的5.21%、94.79%、49.11%、50.89%。不可更新资源占比较高，表明模式2“西红柿—青菜”的生产需要大量的化肥与农药来维持，化肥的大量使用极容易损耗土壤中的有机质，降低土壤肥力和土地生产力，不利于系统长久地可持续发展（见表10-2）。

模式3单位面积投入能值为4.23E+11sej/m^2，单位面积产出能值为1.74E+12sej/m^2。能值投入中最高的是有机肥投入，为1.35E+11sej/m^2，占系统总能值投入的31.9%。环境资源能值为1.10E+10sej/m^2，辅助性资源能值为4.12E+11sej/m^2，可更新资源投入为3.19E+11sej/m^2，不可更新资源投入为1.04E+11sej/m^2，分别占系统总能值投入的2.61%、97.39%、75.53%、24.47%。模式3“黄瓜—包菜”的生产模式充分利用了有机肥资源改善土壤肥力，提高了土地的生产力（见表10-2）。

10.1.2 登封市

登封市大棚蔬菜主要蔬菜轮作模式有模式4“黄瓜—花菜”、模式5“黄瓜—茄子”、模式6“西红柿—菠菜”。其中，模式4总能值投入为6.07E+11sej/m^2，总能值产出为7.93E+11sej/m^2。能值投入中最高的是劳动力投入，为2.06E+11sej/m^2，占系统总能值投入的33.96%。环境资源能值为1.11E+10sej/m^2，辅助性资源能值为5.96E+11sej/m^2，可更新资源投入为3.77E+11sej/m^2，不可更新资源投入为2.29E+11sej/m^2，分别占系统总能值投入的1.82%、98.18%、62.2%、37.8%。模式4“黄瓜—花菜”的种植模式需要大量的农药投入，长期大量使用农药可能导致土壤和水源污染，破坏生态平衡，使农作物抵抗力下降，甚至出现农药残留问题（见表10-3）。

表 10-3 登封市主要蔬菜轮作模式能值分析表

项目	单位	能值转换率	模式 4/ (sej/m²)	模式 5/ (sej/m²)	模式 6/ (sej/m²)
太阳能	J	1.00E+00	5.10E+09	5.10E+09	5.10E+09
风能	J	1.90E+03	1.51E+08	1.51E+08	1.51E+08
表土层损失	J	7.94E+03	5.80E+09	5.80E+09	5.80E+09
劳动力	J	4.83E+04	2.06E+11	2.00E+11	2.11E+11
种子	g	8.38E+04	5.99E+10	4.71E+10	2.88E+10
灌溉用水	t	8.99E+09	7.67E+10	7.60E+10	7.73E+10
有机肥	J	2.70E+04	3.03E+10	3.27E+10	2.86E+10
化肥	g	2.80E+09	8.27E+10	8.31E+10	8.49E+10
农药	g	2.06E+09	1.39E+11	1.38E+11	1.51E+11
农膜	g	4.83E+08	1.54E+09	1.66E+09	1.55E+09
总能值投入	—	—	6.07E+11	5.90E+11	5.95E+11
总能值产出	—	—	7.93E+11	8.23E+11	7.31E+11
可更新资源	—	—	3.77E+11	3.61E+11	3.51E+11
不可更新资源	—	—	2.29E+11	2.28E+11	2.44E+11
环境资源能值	—	—	1.11E+10	1.10E+10	1.10E+10
辅助性资源能值	—	—	5.96E+11	5.78E+11	5.84E+11
可更新环境资源（R）	—	—	5.25E+09	5.25E+09	5.25E+09
不可更新环境资源（N）	—	—	5.80E+09	5.80E+09	5.80E+09
可更新辅助性资源（R_1）	—	—	3.73E+11	3.55E+11	3.46E+11
不可更新辅助性资源（F）	—	—	2.23E+11	2.23E+11	2.38E+11

模式 5 总能值投入为 5.90E+11sej/m²，总能值产出为 8.23E+11sej/m²。能值投入中最高的是劳动力投入，为 2.00E+11sej/m²，占系统总能值投入的 33.97%。环境资源能值为 1.10E+10sej/m²，辅助性资源能值为 5.78E+11sej/m²，可更新资源投入为 3.61E+11sej/m²，不可更新资源投入为 2.28E+11sej/m²，分别占系统总能值投入的 1.87%、98.13%、61.18%、38.82%。模式 5“黄瓜—茄子”的生产模式需要大量的劳动力投入来维持，因为黄瓜和茄子都是生长速度较快、要求养分和水分较多的作物，需

要及时进行施肥、灌溉、病虫害防治和采摘等工作，同时还需要定期修剪和支撑植株，以保证产量和质量。此外，茄子还需要进行适时的摘心、疏花、控制落花生果等管理措施，来调控植株生长和发育，保证果实的品质和产量（见表 10-3）。

模式 6 总能值投入为 5. 95E+11sej/m^2，总能值产出为 7. 31E+11sej/m^2。能值投入中最高的是劳动力投入，为 2. 11E+11sej/m^2，占系统总能值投入的 35. 55%。环境资源能值为 1. 10E+10sej/m^2，辅助性资源能值为 5. 84E+11sej/m^2，可更新资源投入为 3. 51E＋11sej/m^2，不可更新资源投入为 2. 44E+11sej/m^2，分别占系统总能值投入的 1. 86%、98. 14%、59. 02%、40. 98%（见表 10-3）。

10. 1. 3 商丘市

商丘市大棚蔬菜主要蔬菜轮作模式有模式 7“西红柿—黄瓜”、模式 8“西红柿—青菜”、模式 9“西红柿—莴笋”。模式 7 总能值投入为 9. 67E+11sej/m^2，总能值产出为 2. 47E+12sej/m^2。能值投入中最高的是种子投入，为 3. 08E＋11sej/m^2，占系统总能值投入的 31. 89%。环境资源能值为 1. 11E+10sej/m^2，辅助性资源能值为 9. 56E+11sej/m^2，可更新资源投入为 5. 04E+11sej/m^2，不可更新资源投入为 4. 63E+11sej，分别占系统总能值投入的 1. 14%、98. 86%、52. 09%、47. 91%。模式 7“西红柿—黄瓜”的生产模式需要大量的种子投入，由于西红柿和黄瓜的市场需求量大，生产量也相应较高，因此需要选择高品质的种子进行种植。种子的品质不仅影响植株的生长和发育，也影响到果实的品质和产量（见表 10-4）。

模式 8 总能值投入为 2. 64E+11sej/m^2，总能值产出为 1. 88E+12sej/m^2。能值投入中最高的是化肥投入，为 8. 48E+10sej/m^2，占系统总能值投入的 32. 10%。环境资源能值为 1. 06E＋10sej/m^2，辅助性资源能值为 2. 53E＋11sej/m^2，可更新资源投入为 1. 55E＋11sej/m^2，不可更新资源投入为 1. 09E+11sej/m^2，分别占系统总能值投入的 4. 03%、95. 97%、58. 74%、

41.26%。模式8“西红柿—青菜”的生产需要大量化肥投入来维持，采用了高密度种植和连作，这会导致土壤养分消耗更快，需要更多的化肥来补充流失的养分（见表10-4）。

模式9总能值投入为4.99E+11sej/m^2，总能值产出为1.51E+12sej/m^2。能值投入中最高的是农药投入，为1.43E+11sej/m^2，占系统总能值投入的28.67%。环境资源能值为1.10E+10sej/m^2，辅助性资源能值为4.88E+11sej/m^2，可更新资源投入为2.20E+11sej/m^2，不可更新资源投入为2.78E+11sej/m^2，分别占系统总能值投入的2.21%、97.79%、44.16%、55.84%（见表10-4）。

表10-4 商丘市主要蔬菜轮作模式能值分析表

项目	单位	能值转换率	模式7/(sej/m^2)	模式8/(sej/m^2)	模式9/(sej/m^2)
太阳能	J	1.00E+00	5.11E+09	5.11E+09	5.11E+09
风能	J	1.90E+03	1.52E+08	1.52E+08	1.52E+08
表土层损失	J	7.94E+03	5.80E+09	5.80E+09	5.80E+09
劳动力	J	4.83E+04	4.31E+10	3.48E+10	6.95E+10
种子	g	8.38E+04	3.08E+11	7.61E+09	1.13E+10
灌溉用水	t	8.99E+09	3.35E+10	3.64E+10	2.75E+10
有机肥	J	2.70E+04	1.14E+11	7.12E+10	1.07E+11
化肥	g	2.80E+09	2.37E+11	8.48E+10	1.28E+11
农药	g	2.06E+09	2.19E+11	1.85E+10	1.43E+11
农膜	g	4.83E+08	1.37E+09	4.13E+08	7.93E+08
总能值投入	—	—	9.67E+11	2.64E+11	4.99E+11
总能值产出	—	—	2.47E+12	1.88E+12	1.51E+12
可更新资源	—	—	5.04E+11	1.55E+11	2.20E+11
不可更新资源	—	—	4.63E+11	1.09E+11	2.78E+11
环境资源能值	—	—	1.11E+10	1.06E+10	1.10E+10

续表

项目	单位	能值转换率	模式 7/(sej/m²)	模式 8/(sej/m²)	模式 9/(sej/m²)
辅助性资源能值	—	—	9.56E+11	2.53E+11	4.88E+11
可更新环境资源（R）	—	—	5.25E+09	5.06E+09	5.25E+09
不可更新环境资源（N）	—	—	5.80E+09	5.57E+09	5.80E+09
可更新辅助性资源（R_1）	—	—	5.00E+11	1.50E+11	2.15E+11
不可更新辅助性资源（F）	—	—	4.58E+11	1.04E+11	2.72E+11

10.2 不同蔬菜轮作模式能值指标分析

中牟县蔬菜轮作模式 1、模式 2、模式 3 的能值投资率（*EIR*）分别为 23.15、22.46、51.63，模式 3“黄瓜—包菜”轮作模式远高于前两种，可能是因为黄瓜属于蔬菜中的高消耗作物，需要大量的养分和水分来维持生长和发育。为了满足这些需要，需要投入更多的化肥、有机肥和灌溉用水，增加了投资的成本。此外，黄瓜和包菜都容易受到各种病虫害的影响，需要经常进行病虫害防治，这也增加了投资的成本。登封市的蔬菜轮作模式 4、模式 5、模式 6 的 *EIR* 值分别为 53.90、52.29、52.84，不同轮作模式之间的 *EIR* 值没有显著差异，但总体高于中牟县的蔬菜轮作模式。登封市蔬菜轮作模式以黄瓜为主，这一点与前文分析的黄瓜能值投资率较高对应。商丘市蔬菜轮作模式 7、模式 8、模式 9 的 *EIR* 值分别为 86.73、23.88、47.25，其中模式 7“西红柿—黄瓜”轮作模式的 *EIR* 值为所有模式中最高，分别是模式 8“西红柿—青菜”与模式 9“西红柿—莴笋”的 3.63 倍和 1.84 倍（见表 10-5）。在产量相同的情况下，包括黄瓜、西红柿、茄子等蔬菜在内的茄果类蔬菜在生长过程中需要的肥料投入比叶菜类蔬菜多，且生长期一般比叶菜类蔬菜更长，这意味着茄果类蔬菜可以吸收更多的资源投入。

表 10-5 各地区不同蔬菜轮作模式能值指标

地区	项目	*EIR*	*EYR*	*ELR*	*ESI*
中牟县	模式 1	23.15	5.75	1.04	5.52
	模式 2	22.46	4.18	1.02	4.48
	模式 3	51.63	3.98	0.91	4.38
登封市	模式 4	53.90	1.36	0.62	2.33
	模式 5	52.29	1.44	0.64	2.37
	模式 6	52.84	1.26	0.70	1.81
商丘市	模式 7	86.73	2.56	0.94	2.91
	模式 8	23.88	2.42	0.71	3.42
	模式 9	47.25	3.23	1.47	3.11

中牟县蔬菜轮作模式 1、模式 2、模式 3 的净能值产出率（*EYR*）分别为 5.75、4.18、3.98，其中模式 1“西红柿—包菜”的 *EYR* 值为所有模式中最高，分别为登封市各轮作模式的 4.23 倍、3.99 倍、4.56 倍和商丘市各轮作模式的 2.25 倍、2.38 倍、1.78 倍。登封市蔬菜轮作模式的 *EYR* 值总体较低，模式 4、模式 5、模式 6 分别为 1.36、1.44、1.26，模式 5“黄瓜—茄子”*EYR* 最高，模式 6“西红柿—菠菜”的 *EYR* 值最低，可能是因为西红柿和菠菜的生长周期不匹配，前者生长周期较长，需要较长的生长期才能成熟，后者则生长周期相对较短，生长周期的不匹配，可能会导致对土壤养分和水分的需求不同，进而影响两种蔬菜的生长和发育。商丘市蔬菜轮作模式 7、模式 8、模式 9 的 *EYR* 值分别为 2.56、2.42、3.23，模式 9“西红柿—莴笋”的 *EYR* 值较高，种植效益较好。

中牟县蔬菜轮作模式 1、模式 2、模式 3 的环境负载率（*ELR*）分别为 1.04、1.02、0.91，同一地区的 *ELR* 值没有显著差异。登封市蔬菜轮作模式 4、模式 5、模式 6 的 *ELR* 值分别为 0.62、0.64、0.70，在 3 个县（市）中总体水平较低，登封市的山区大棚蔬菜主要依靠劳动力等可更新辅助性资源投入，因此蔬菜种植对环境的压力较小。商丘市蔬菜轮作模式 7、模式 8、模式 9 的 *ELR* 值分别为 0.94、0.71、1.47，其中模式 9“西红柿—莴笋”

的 *ELR* 值为所有模式中最高，表明该模式的生产对环境造成的压力较大。

中牟县蔬菜轮作模式 1、模式 2、模式 3 的能值可持续发展指数（*ESI*）分别为 5.52、4.48、4.38，其中模式 1“西红柿—包菜”的 *ESI* 值为所有模式中最高，分别为登封市各轮作模式的 2.37 倍、2.33 倍、3.05 倍和商丘市各轮作模式的 1.90 倍、1.61 倍、1.77 倍。中牟县蔬菜轮作模式的 *ESI* 值总体水平较高，说明其可持续发展能力较好。登封市蔬菜轮作模式 4、模式 5、模式 6 的 *ESI* 值分别为 2.33、2.37、1.81，商丘市蔬菜轮作模式 7、模式 8、模式 9 的 *ESI* 值分别为 2.91、3.42、3.11。模式 6“西红柿—菠菜”的 *ESI* 值最低，说明该模式的可持续发展能力较差。

10.3 不同蔬菜轮作模式能值投入与产出相关分析

上文通过分析、讨论中牟县、登封市、商丘市不同蔬菜轮作模式的能值投入与产出，对不同轮作模式大棚蔬菜的种植情况有了初步了解，本节运用 Pearson 相关性分析，利用大棚蔬菜系统能值投入要素和能值总产出，定量分析各投入要素和能值产出之间的关系，从而为不同蔬菜轮作模式下的大棚蔬菜能值投入结构优化配置提供有效依据。

10.3.1 中牟县

模式 1 中有以下要素与能值总产出呈显著相关关系：劳动力、种子、灌溉用水、化肥、农膜共 5 个要素（见表 10-6 和图 10-1）。其中，劳动力、种子、灌溉用水投入与能值总产出呈正相关关系。西红柿和包菜作为一种典型的双季蔬菜，其生长周期较长，对光照、温度、湿度等生长环境有较高的要求，需要充足的灌溉以及充足的劳动力投入进行照料和管理，同时西红柿和包菜是容易遭受各种病虫害的蔬菜，因此，选择具有较高抗病性的品种可以降低病虫害对产量的影响；化肥、农膜投入与能值总产出呈负相关关系，可能是因为过量的化肥和农膜会使得土壤中微生物群落失衡，从而影响蔬菜根系吸收养分和水分。

表 10-6 模式 1 能值投入与产出相关分析

变量类别	变量名称	模式 1	
		Pearson 相关性	显著性
	能值总产出（*Y*）	1	
可更新环境资源	太阳能（*SE*）	−0.031	0.854
	风能（*WE*）	−0.031	0.854
不可更新环境资源	表土层损失（*SO*）	−0.031	0.854
可更新辅助性资源	劳动力（*LE*）	0.785**	0.000
	种子（*VS*）	0.686**	0.000
	灌溉用水（*IW*）	0.831**	0.000
	有机肥（*OF*）	0.190	0.253
不可更新辅助性资源	化肥（*CF*）	−0.419**	0.009
	农药（*PE*）	0.264	0.110
	农膜（*AF*）	−0.771**	0.000

注：**表示在 0.01 水平上显著，*表示在 0.05 水平上显著。

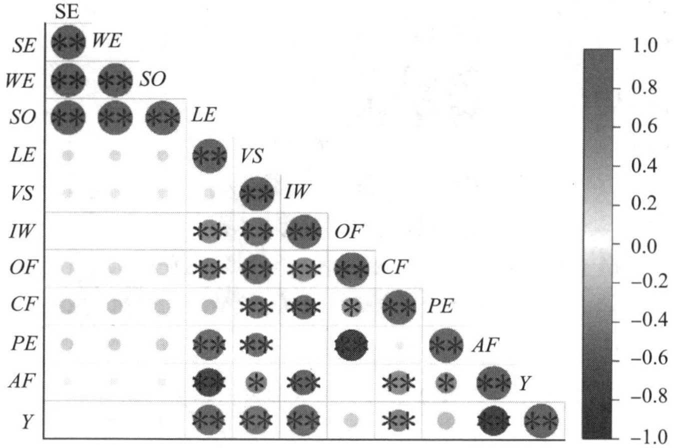

注：*表示$P<0.05$，**表示$P<0.01$。

图 10-1 模式 1 能值投入与产出相关分析

模式 2 中有劳动力、种子、灌溉用水、化肥、农药投入共 5 个要素与能值总产出呈显著相关关系，且均为正相关关系（见表 10-7 和图 10-2）。

表 10-7　模式 2 能值投入与产出相关分析

变量类别	变量名称	模式 2	
		Pearson 相关性	显著性
	能值总产出（*Y*）	1	
可更新环境资源	太阳能（*SE*）	0.001	0.996
	风能（*WE*）	0.001	0.996
不可更新环境资源	表土层损失（*SO*）	0.001	0.996
可更新辅助性资源	劳动力（*LE*）	0.823**	0.000
	种子（*VS*）	0.816**	0.000
	灌溉用水（*IW*）	0.827**	0.000
	有机肥（*OF*）	0.030	0.899
不可更新辅助性资源	化肥（*CF*）	0.783**	0.000
	农药（*PE*）	0.828**	0.000
	农膜（*AF*）	-0.327	0.160

注：**表示在 0.01 水平上显著，*表示在 0.05 水平上显著。

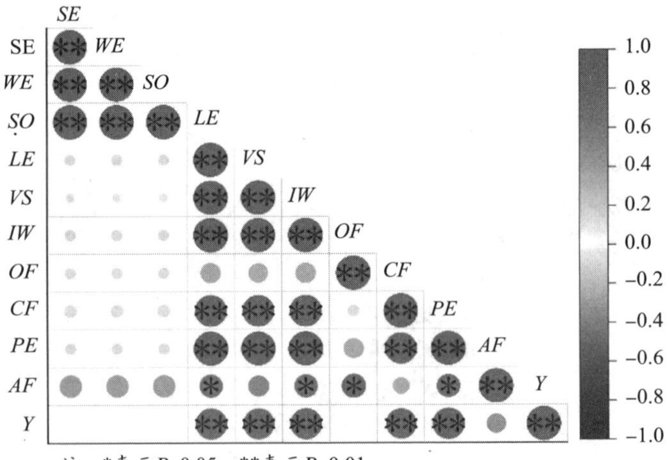

注：*表示$P<0.05$，**表示$P<0.01$。

图 10-2　模式 2 能值投入与产出相关分析

在模式 3 中，共有 6 个要素与能值总产出呈显著相关关系，分别是劳动力、种子、灌溉用水、有机肥、农药和农膜（见表 10-8 和图 10-3）。其中，种子、灌溉用水、有机肥、农膜与能值总产出呈显著正相关关系，劳动力、农药与能值总产出呈负相关关系。

表 10-8 模式 3 能值投入与产出相关分析

变量类别	变量名称	模式 3	
		Pearson 相关性	显著性
	能值总产出（*Y*）	1	
可更新环境资源	太阳能（*SE*）	-0.198	0.343
	风能（*WE*）	-0.198	0.343
不可更新环境资源	表土层损失（*SO*）	-0.198	0.343
可更新辅助性资源	劳动力（*LE*）	-0.654**	0.000
	种子（*VS*）	0.711**	0.000
	灌溉用水（*IW*）	0.668**	0.000
	有机肥（*OF*）	0.759**	0.000
不可更新辅助性资源	化肥（*CF*）	0.299	0.146
	农药（*PE*）	-0.667**	0.000
	农膜（*AF*）	0.699**	0.000

注：**表示在 0.01 水平上显著。

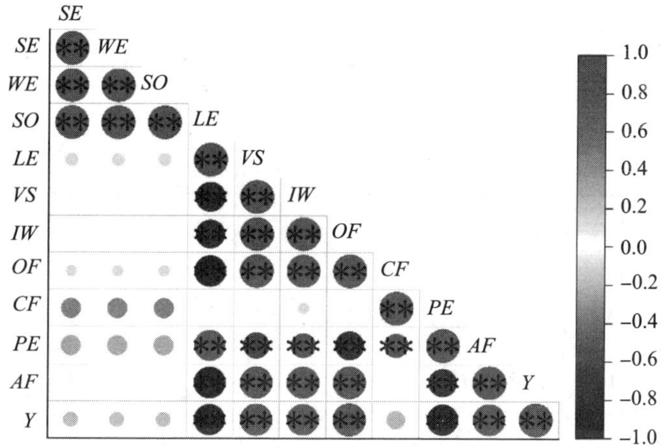

注：*表示$P<0.05$，**表示$P<0.01$。

图 10-3 模式 3 能值投入与产出相关分析

10.3.2 登封市

模式 4 与模式 6 中仅有机肥投入与能值总产出呈显著正相关关系（见表 10-9 和图 10-4、表 10-11 和图 10-6）。在模式 5 中有 6 个能值投入要素与能值总产出呈显著相关关系，分别是太阳能、风能、表土层损失、有机肥、化肥、农膜，且均为显著正相关，以环境资源投入要素为主（见表10-10和图10-5）。黄瓜和茄子生长特点不同，能够利用土壤养分的种类和吸收量也不同。例如，黄瓜生长期短，能快速吸收土壤中的养分，而茄子生长缓慢，能够较长时间地利用土壤中的养分。

表10-9 模式4能值投入与产出相关分析

变量类别	变量名称	模式4	
		Pearson 相关性	显著性
	能值总产出（Y）	1	
可更新环境资源	太阳能（SE）	-0.171	0.413
	风能（WE）	0.178	0.395
不可更新环境资源	表土层损失（SO）	0.126	0.549
可更新辅助性资源	劳动力（LE）	-0.342	0.094
	种子（VS）	-0.334	0.103
	灌溉用水（IW）	-0.077	0.715
	有机肥（OF）	0.627**	0.001
不可更新辅助性资源	化肥（CF）	0.134	0.522
	农药（PE）	0.251	0.226
	农膜（AF）	-0.026	0.900

注：**表示在0.01水平上显著。

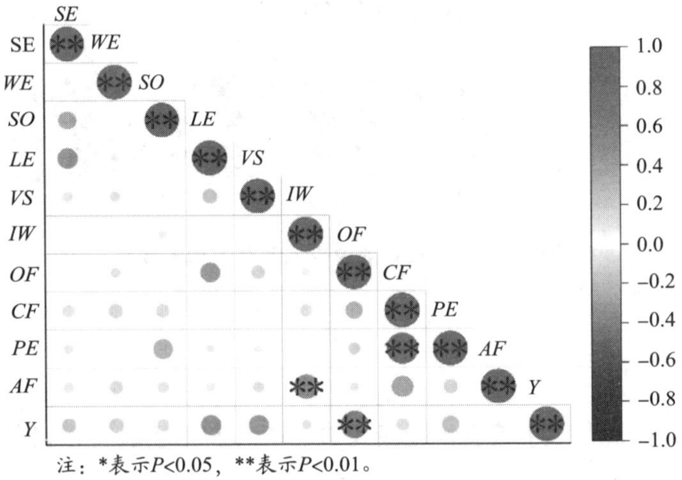

注：*表示$P<0.05$，**表示$P<0.01$。

图10-4 模式4能值投入与产出相关分析

表 10-10　模式 5 能值投入与产出相关分析

变量类别	变量名称	模式 5	
		Pearson 相关性	显著性
	能值总产出（*Y*）	1	
可更新环境资源	太阳能（*SE*）	0.770**	0.000
	风能（*WE*）	0.770**	0.000
不可更新环境资源	表土层损失（*SO*）	0.770**	0.000
可更新辅助性资源	劳动力（*LE*）	-0.253	0.297
	种子（*VS*）	0.302	0.209
	灌溉用水（*IW*）	0.323	0.178
	有机肥（*OF*）	0.770**	0.000
不可更新辅助性资源	化肥（*CF*）	0.548*	0.015
	农药（*PE*）	0.379	0.110
	农膜（*AF*）	0.464*	0.045

注：**表示在 0.01 水平上显著，*表示在 0.05 水平上显著。

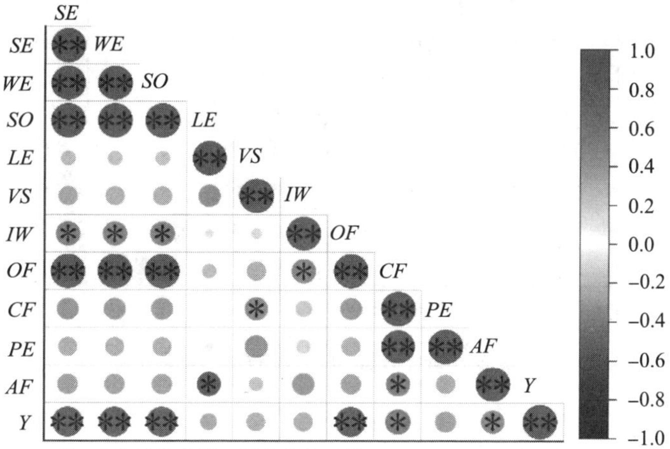

注：*表示$P<0.05$，**表示$P<0.01$。

图 10-5　模式 5 能值投入与产出相关分析

表 10-11　模式 6 能值投入与产出相关分析

变量类别	变量名称	模式 6	
		Pearson 相关性	显著性
	能值总产出（*Y*）	1	
可更新环境资源	太阳能（*SE*）	0.064	0.815
	风能（*WE*）	0.333	0.208
不可更新环境资源	表土层损失（*SO*）	-0.054	0.841
可更新辅助性资源	劳动力（*LE*）	-0.150	0.580
	种子（*VS*）	0.162	0.548
	灌溉用水（*IW*）	0.042	0.876
	有机肥（*OF*）	0.630**	0.009
不可更新辅助性资源	化肥（*CF*）	-0.425	0.101
	农药（*PE*）	-0.231	0.390
	农膜（*AF*）	-0.005	0.987

注：**表示在0.01水平上显著。

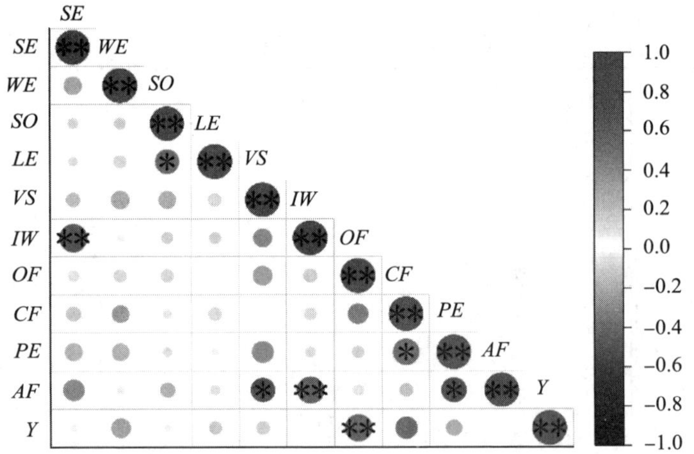

注：*表示$P<0.05$，**表示$P<0.01$。

图 10-6　模式 6 能值投入与产出相关分析

10.3.3　商丘市

在模式 7 中有 9 个能值投入要素与能值总产出呈显著相关关系，分别是太阳能、风能、表土层损失、劳动力、种子、有机肥、化肥、农药和农膜（见表 10-12 和图 10-7）。其中，劳动力、种子、有机肥、化肥、农膜与能值总产出呈显著正相关关系；太阳能、风能、表土层损失、农药与能值总产出呈显著负相关关系。

表 10-12　模式 7 能值投入与产出相关分析

变量类别	变量名称	模式 7	
		Pearson 相关性	显著性
	能值总产出（*Y*）	1	
可更新环境资源	太阳能（*SE*）	-0.612**	0.001
	风能（*WE*）	-0.612**	0.001
不可更新环境资源	表土层损失（*SO*）	-0.612**	0.001
可更新辅助性资源	劳动力（*LE*）	0.522**	0.007
	种子（*VS*）	0.563**	0.004
	灌溉用水（*IW*）	-0.403	0.167
	有机肥（*OF*）	0.716**	0.000
不可更新辅助性资源	化肥（*CF*）	0.487*	0.047
	农药（*PE*）	-0.702**	0.000
	农膜（*AF*）	0.685**	0.000

注：**表示在 0.01 水平上显著，*表示在 0.05 水平上显著。

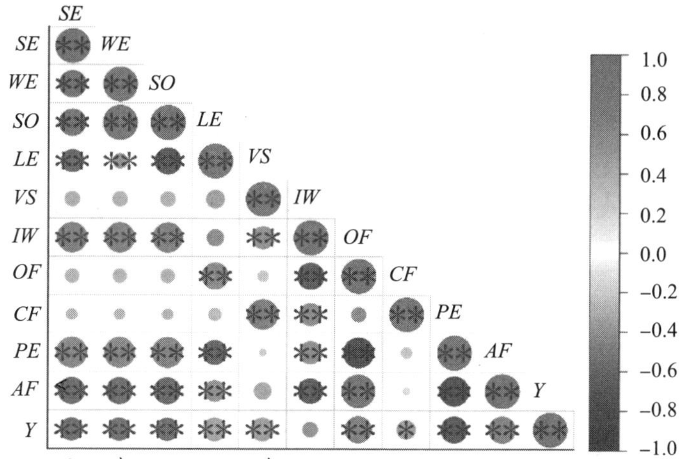

注：*表示$P<0.05$，**表示$P<0.01$。

图 10-7　模式 7 能值投入与产出相关分析

在模式 8 中，共有 3 个能值投入要素与能值总产出呈显著相关关系，分别为有机肥、化肥、农膜，且均为显著正相关关系（见表 10-13 和图 10-8）。在模式 9 中，有 9 个要素与能值总产出呈显著相关关系。其中，太阳能、风能、表土层损失、种子、灌溉用水、化肥、农药和农膜与能值总产出之间为显著正相关关系，劳动力与能值总产出呈显著负相关关系（见表 10-14 和图 10-9）。

表 10-13　模式 8 能值投入与产出相关分析

变量类别	变量名称	模式 8	
		Pearson 相关性	显著性
	能值总产出（Y）	1	
可更新环境资源	太阳能（SE）	0.295	0.329
	风能（WE）	0.295	0.329
不可更新环境资源	表土层损失（SO）	0.295	0.329
可更新辅助性资源	劳动力（LE）	0.150	0.626
	种子（VS）	0.014	0.963
	灌溉用水（IW）	0.197	0.519
	有机肥（OF）	0.644*	0.018
不可更新辅助性资源	化肥（CF）	0.625*	0.022
	农药（PE）	0.125	0.683
	农膜（AF）	0.692**	0.009

注：**表示在 0.01 水平上显著，*表示在 0.05 水平上显著。

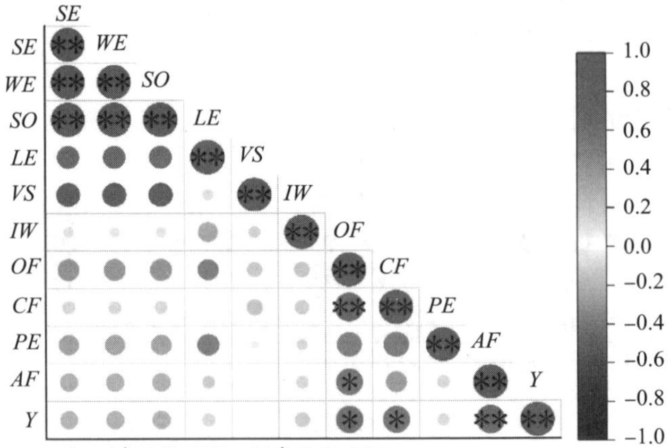

注：*表示$P<0.05$，**表示$P<0.01$。

图 10-8　模式 8 能值投入与产出相关分析

表 10-14 模式 9 能值投入与产出相关分析

变量类别	变量名称	模式 9	
		Pearson 相关性	显著性
	能值总产出（*Y*）	1	
可更新环境资源	太阳能（*SE*）	0.784**	0.000
	风能（*WE*）	0.784**	0.000
不可更新环境资源	表土层损失（*SO*）	0.784**	0.000
可更新辅助性资源	劳动力（*LE*）	−0.548*	0.039
	种子（*VS*）	0.587*	0.027
	灌溉用水（*IW*）	0.762**	0.000
	有机肥（*OF*）	−0.369	0.472
不可更新辅助性资源	化肥（*CF*）	0.606*	0.019
	农药（*PE*）	0.798**	0.000
	农膜（*AF*）	0.672**	0.000

注：**表示在 0.01 水平上显著，*表示在 0.05 水平上显著。

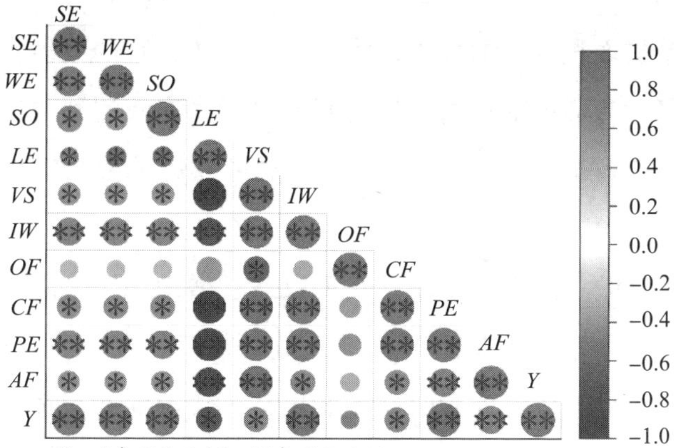

注：*表示P<0.05，**表示P<0.01。

图 10-9 模式 9 能值投入与产出相关分析

10.4 不同蔬菜轮作模式的优化措施

10.4.1 中牟县

模式1“西红柿—包菜”轮作模式可以通过增加劳动力、种子、灌溉用水等生产要素投入来提升种植效益，其中灌溉用水投入与能值产出的正向相关关系最强。采用滴灌、喷灌等技术，可以减少水的流失和浪费，提高水利用率。采集雨水，建立雨水收集系统，将雨水收集储存起来，用于大棚蔬菜的灌溉，可以节约用水。加强水肥一体化管理，合理施肥可以增加土壤保水能力，提高水分利用效率。使用节水设备，安装节水器材，如节水龙头、节水喷头等，可以减少用水量，降低灌溉成本。

模式2“西红柿—青菜”轮作模式可以通过增加劳动力、种子、灌溉用水、化肥、农药等生产要素投入来提升种植效益，其中种子投入与能值产出的正向相关关系较强。适当提高种植密度，可以有效提高单元面积的产量，增加单位面积种子的投入；将种子浸泡在适宜的液体中，可以促进种子吸水膨胀，激活内部代谢，提高萌发率。浸泡液的种类可以根据需要而定，如用0.2%的硼砂水浸泡西红柿种子可以促进根系发育，提高生长速度。

模式3“黄瓜—包菜”轮作模式可以通过增加种子、灌溉用水、有机肥、农膜等生产要素投入来提升种植效益。黄瓜的生长需要充足的土壤、水分和营养，因此在铺设农膜时应注意保持土壤湿润和通风，避免热量过高导致黄瓜苗期生长缓慢、生长不良等情况；定期换新农膜，农膜经过一段时间的使用后会老化变硬，失去原有的光透性和保温性，从而影响黄瓜的生长和发育，因此应定期更换新的农膜，保持其良好的性能。

10.4.2 登封市

模式 4“黄瓜—花菜”、模式 5“黄瓜—茄子”和模式 6“西红柿—菠菜”轮作模式可以通过增加有机肥投入来提升种植效益。通过在蔬菜大棚内部自建堆肥池，将农作物秸秆、畜禽粪便等有机废弃物进行堆肥，生产自有有机肥，既降低了成本，又提高了土地的肥力。在蔬菜生长周期中，存在一定的间隙期，可以利用这段时间进行有机肥料的施用。此时，可以将有机肥料均匀地撒在土壤表面，然后进行深耕混合，以确保有机肥料充分渗透到土壤中。

10.4.3 商丘市

模式 7“西红柿—黄瓜”轮作模式可以通过控制农药投入来提升种植效益。要注意农药施药时间，避免在花期和结果期使用农药，因为这个时期果实已经形成，使用农药会对果实产生不良影响，导致果实破损、变形等问题。另外，要遵守农药使用规定，按照说明书的用量和方法使用，避免超量使用和误用。针对黄瓜和西红柿的生理特性，可以结合不同生长期对农药施药时间进行具体规划。

模式 8“西红柿—青菜”轮作模式可以通过增加有机肥、化肥投入来提升种植效益。西红柿和青菜都是重施钾肥的作物，但施肥量和肥料种类需要根据土壤类型和养分状况进行合理调整。例如，在缺钾的酸性土壤中，需要增加钾肥投入量。运用有机肥，改善土壤结构。有机肥可以提高土壤肥力，改善土壤结构，增加土壤保水能力，从而有利于作物生长。对于西红柿和青菜来说，使用有机肥可以增加土壤微生物活性，有助于根系生长和养分吸收。分期施肥，满足不同时期的养分需求。西红柿和青菜在生长发育过程中，不同生长阶段对养分的需求也不同。例如，西红柿在开花期和结果期需要大量的磷肥、钾肥，而青菜在生长初期需要大量的氮肥。因此，合理分期施肥可以满足不同时期的养分需求，提高产量和品质。使用控释肥料，减少养分流失。控释肥料可以缓慢释放养分，减少养分流失和浪费，从而提高肥料利用效率。对于西红柿和青菜来说，使用控释肥料可以保持土壤肥力稳定，有利于长期的轮作种植。

模式9“西红柿—莴笋”轮作模式可以通过增加太阳能、风能、表土层损失、种子、灌溉用水、化肥、农药和农膜投入来提升种植效益。西红柿和莴笋对养分的需求不同，因此需要根据两种作物的特点进行合理施肥。可以通过调整施肥方式和施肥时间，合理增加化肥的投入量。例如，在莴笋生长初期增加磷肥和钾肥的施用量，可以提高莴笋的养分吸收和利用效率。而在西红柿果实成熟期，可适量增加钾肥的施用量，以促进果实的成熟和提高品质。

11

河南省农村蔬菜种植发展对策与建议

11.1　农村生活型庭院菜地种植对策

11.1.1　提升种植技术，提高种植多样性

据研究小组调查，样本地区都存在不同程度的缺少种植知识和种植技术的问题。提供种植知识、增加技术指导可以缓解菜荒时期种植多样性减少的问题。老年人种植的蔬菜虽然可以满足日常食用需求，但对于一些不经常种植的蔬菜缺乏种植经验。由于山地地区信息闭塞，老年人大多凭借经验种植庭院菜地，因此缺乏先进种植技术的问题更为严重。平原地区老年人在菜荒时期多通过增加购买的方式应对蔬菜多样性减少的问题，这增加了平原地区老年人的日常支出。相较于平原地区，山地地区的老年人多通过减少食用蔬菜的方式应对菜荒时期种植多样性减少的问题，这可能会影响山地地区老年人的身体健康。针对上述问题，当地农业技术站应当多向老年人讲解种植知识与种植技术，并及时引进新的蔬菜品种，同时积极向老年人提供技术性帮助，为老年人讲解蔬菜的科学种植方法，定期咨询并协助解决老年人在种植过程中面临的问题，从技术层面和意识层面共同提高老年人种植庭院菜地的积极性，让老年人充分意识到庭院菜地的潜在价值并从中获取收益。此外，老年人也应当积极学习科学管理庭院菜地的

知识，积极学习种植方法，科学施肥，尝试种植优新品种，以求在降低资金与劳动投入的情况下，提高菜荒时期庭院菜地的种植多样性与产量，使庭院菜地能够常年供应足够的蔬菜，最大限度地缓解菜荒所带来的蔬菜饮食问题，减少因缺乏种植技术而威胁老年人蔬菜饮食的情况发生。

11.1.2 平原地区生活型庭院菜地发展对策

11.1.2.1 合理规划菜地，保障菜地面积

根据上文的分析讨论可知，平原地区庭院菜地面积偏小且存在庭院菜地用地不合理的问题。结合庭院菜地种植面积的驱动分析，庭院菜地种植面积的规划应当注重老年家庭的实际居住人口。研究小组走访调查时发现，平原地区存在因村内道路硬化以及土地整治活动使庭院菜地种植面积不断减少，导致老年人无处开垦菜地的问题。此外，部分庭院菜地的面积较小，无法满足家庭饮食需求，因此老年家庭不得不增加购买蔬菜，这增加了老年家庭的生活负担。农村建设的规划应当考虑老年家庭对庭院菜地的需求，在农村建设过程中，应当结合家庭实际居住人口，为家庭预留菜地用地。此外，当地政府应该合理规划利用公共空地并整理开垦为庭院菜地，保障每户家庭的种植面积。对于村外的庭院菜地，当地政府在建立公共灌溉系统、兴修水渠和农田水井时应当考虑庭院菜地的位置分布，增加设施的利用效率。这不仅有利于基础水利设施的管理，而且使庭院菜地的种植与管理更为方便。此外，加强对菜地的防护也应纳入庭院菜地规划的范围，合理修建围栏可以减少家禽破坏庭院菜地的情况。

11.1.2.2 建立产销体系，提高家庭收入

在蔬菜生产旺季，家庭蔬菜的产量往往高出家庭实际需求，多出的蔬菜无处销售，造成浪费。平原地区具有优越的地理环境和良好的蔬菜市场，当地政府应该积极组织老年人和蔬菜销售人员信息对接，充分利用地区市场发展和交通区位优势，旺季时种植价格高、市场需求量大的蔬菜种

类。对于蔬菜的销售，老年人面临最多的障碍是缺乏准确的市场信息和便捷的销售通道。通过销售人员传达蔬菜价格、市场需求以及最佳的蔬菜供应时间，老年人可提前种植价格较高的蔬菜，利用有限的菜地面积获得更高的收入。同时，当地政府应组织蔬菜销售人员及时收购新鲜的蔬菜，保持蔬菜的新鲜度。下面结合武陟县的市场情况和扶沟县的菜贩收购情况来分析。武陟县村庄之间的生活超市和商店距离附近村镇路程较短，往往步行 10 分钟便可到达，这类超市和商店通常有蔬菜销售，这些蔬菜往往是商户从蔬菜经销商处购进蔬菜，然后出售给当地村民，由于含有运输成本及差价，蔬菜价格较高，老年人通常只购买少量蔬菜。当地政府可组织商户和菜贩收购老年人种植的家庭蔬菜，同时由于没有运输费用和经销商差价，商户可以较低的价格收购，同时解决老年人销售难的问题。

11.1.3 山区生活型庭院菜地发展对策

11.1.3.1 补贴生产资料

山地地区老年家庭收入偏低，距离市场较远且交通不便。据走访调查，山地地区农村居民生活较为贫困，某些种类的蔬菜价格昂贵且在种植时需要地膜，这加重了山地地区老年家庭的生活负担。针对庭院菜地的种植投入情况，当地政府应对生产资料进行补贴，主要包括农药补贴和种子补贴。此外，还应当为山地地区老年人提供地膜补贴，因为地膜可以有效改善蔬菜的生长环境，这对于缺乏灌溉的山地地区尤为重要。当地政府可根据情况适当给予经济补贴，减轻菜地种植经济压力，提高庭院菜地种植率。由于山地地区老年人购买生产资料不便，当地政府应当定期组织安排为山里的老年家庭提供蔬菜种子、地膜等必需品，解决老年人购买不便和种植庭院菜地经济投入过大的问题，让山地地区的老年人可以将更多的时间和精力用来提高庭院菜地的种植质量。与此同时，当地政府应当呼吁家庭成员关注山地地区老年人的生活与饮食问题，提升庭院菜地的受重视程度，协助解决老年群体种植庭院菜地时所面临的问题。

11.1.3.2 健全灌溉系统

山地地区的自然地理条件较差，加之基础水利设施建设滞后，导致老年人在种植庭院菜地时面临灌溉不便的问题，这大大降低了老年人种植庭院菜地的积极性。针对此类问题，当地政府应当改善山地地区的灌溉条件，根据庭院菜地的空间分布情况建设水渠、水井、蓄水池等基础水利设施，减少当地老年人灌溉庭院菜地时的劳动支出。此外，当地政府应当制定完备的灌溉政策，建立一整套促进山地地区庭院菜地灌溉高效节水的产业支持、技术服务、财政补贴等政策措施，实现山地地区庭院菜地灌溉的科学管理、合理配置、高效利用和有效保护，有效推进庭院菜地高效节水灌溉良性发展。

11.2 城郊经济型大棚蔬菜种植效益提升策略

11.2.1 加强菜农大棚管理技术培训，提高管理水平

菜农的农业知识水平是影响大棚蔬菜种植的主要因素。然而，平原地区和山区的菜农都面临着受教育水平较低、缺乏农业科学知识和技术水平不高等问题。因此，各地应加强对大棚蔬菜的监督和管理。地方政府可将大棚蔬菜区域划分为若干个小区域，选出具备较高知识能力的农户作为模范，带领周围农户学习新技术，以加快技术的传播和推广速度。通过这种模式，每个小区域的农户能够明显提高蔬菜的管理水平，并进一步提高种植安全优质蔬菜的意识。

为了实现这一目标，需要加强培训和宣传。相关部门可以根据农民的需求和接受能力，对培训对象进行适当的甄别，并提供不同课程，以突出培训的重点。为确保培训效果，应聘用不同领域的专家，采用不同的培训

方法。为确保接受能力和学习能力较差的农民能够理解和应用新知识，需要加强辅导。同时，应根据培训对象的专长和弱点，有针对性地开展培训。为了激发农民的学习热情，应根据他们需要种植的大棚作物进行实地教学，采用定制化培训方案，结合受训者的兴趣点进行针对性培训。

此外，应制定浅显易懂、适合农民阅读的大棚蔬菜种植培训教材。考虑到菜农的文化水平较低和年龄偏大的特点，应编写适合他们阅读和参考的教材，并且具有实用性和可传阅性。这样可以在培训结束后，让培训者加强学习，同时减少专家的重复教学工作。总之，为了促进大棚蔬菜种植的发展，各地应加强监督管理、培训和宣传工作，以提高农民的劳动力素质和农业知识水平。

11.2.2 优化大棚资源投入结构，高效利用可更新资源投入

根据商丘市大棚蔬菜种植特征的分析结果，蔬菜生产中化肥的使用量偏高，这也导致了蔬菜生产对化肥的高度依赖。虽然化肥的使用可以提高蔬菜的产量和质量，但是过量使用化肥也会带来一系列的环境问题，如土壤污染、水资源的浪费、农产品质量下降等。因此，改善肥料投入结构至关重要。一方面，进行土壤检测和分析，制订有机肥投入计划，并应用绿肥来提高和改善土壤的肥力和结构，降低土壤中的病虫害发生率；加强农业废弃物利用，例如稻草、秸秆、农作物残留物、畜禽粪便等可以堆肥，经发酵处理成为优质有机肥料，施入土壤中。另一方面，推广使用生物菌肥可提高大棚蔬菜有机肥利用效率，同时避免化学肥料对环境造成的污染和土壤质量下降的问题。配合使用生物菌肥可以进一步提高有机肥料的利用效率，降低成本，减少环境污染。生物菌肥中含有大量的有益微生物，这些微生物能够与植物共生，促进植物吸收养分，提高有机肥料的利用效率。因此，将生物菌肥与有机肥料混合使用，可以使有机肥料更加有效地被植物吸收利用，从而提高蔬菜的产量和品质。

11.2.3 加大政府扶持力度，强化制度保障

经济投入水平和家庭年均收入水平是影响大棚蔬菜种植效益的关键因素。当前，资金不足和低经济投入水平仍然是制约大棚蔬菜种植的主要障碍。因此，地方政府需要加大对大棚蔬菜发展的扶持力度，通过提供资金支持和制度保障，促进该产业的发展。

为实现大棚蔬菜产业的发展目标，政府可以采取多种措施。首先，创设政府主导的融资体制，运用国家强化农业、惠及农民的政策获取资助。为了促进大棚蔬菜产业的发展，政府应积极与信贷机构合作，缓解蔬菜种植业融资困境，简化借贷手续以满足该产业的资金需求。同时，政府应该积极开展民间资本投资推广工作，以提升公信力并促进产业的发展。

其次，政府应制定支持温室大棚产业发展的政策，并建立完善的监管机制。这将有助于形成以大棚经济为主体的新型配套服务体系。同时，政府应通过动员科研单位等技术力量，支持大棚蔬菜产业的发展，积极实施蔬菜种植专业化培训，提升产业管理水平和技术指导能力。这些措施有助于促进大棚蔬菜产业的发展，推动农村经济的持续增长。

11.2.4 合理规划大棚管理，增加作物种植品种

为解决大棚种植品种结构不合理等问题，应根据大棚蔬菜产业的生产特点，科学规划生产布局、调整种植结构和安排内部种植模式，以提高生产效率和经济效益。长期种植单一蔬菜结构会导致生态系统稳定性下降，增加病虫害发生的风险。此外，单一生产模式还会导致土壤有机质构成失调，降低土壤肥力，进而影响生产农产品的质量。

首先，选择适宜的蔬菜品种，考虑当地市场需求和季节特点，选择优质、高产、抗病虫害的品种进行种植，这样可以提高产品的销售价值和市场竞争力。其次，针对河南省的大棚种植模式，科学安排种植轮作周期可有效提升大棚蔬菜的种植效益。建议采用 3~4 年倒茬轮作模式，即在第一

年种植深根性作物，如番茄、黄瓜等，以便深入土层吸收养分，同时可以减少对浅层土壤的损耗；第二年可以种植浅根性作物，如葱、蒜等，以利用土壤养分的余热和浅层土壤的养分，提高产量和品质；第三年则可以种植生长期短的作物，如豆类、早熟蔬菜等，以便提前完成生产任务，留出更多时间和空间进行翻耕、施肥、整地等管理工作。因此，科学地结合种植深根植物和浅根植物、长生长期作物和短生长期作物的策略，可以最大限度地利用土壤养分，充分发挥温室效应，从而提高大棚蔬菜的种植效益，实现大棚蔬菜生产的良性循环发展。

11.2.5 构建大棚产业集群，合理布局

推动登封市大棚蔬菜产业集群发展，应从地理位置、技术水平和供应链等方面构建产业链。尽管登封市的大棚蔬菜目前难以摆脱分散状态，但应根据实际情况，在不同乡镇间形成相对统一的产业集群，建立配套的服务设施，实现资源共享，加强合作，互相学习，共同发展，以降低成本并提高经济效益。除此之外，政府还应积极学习其他地区的经验。例如，寿光市以提高大棚产业的规模和集中度为目标，采用了土地置换、大棚集中建设等措施，将大棚种植户聚集在一起，或者政府集中建立大棚并以租赁形式提供给农户使用。这些措施可以逐步形成规模化的大棚产业集群，并降低生产成本。此外，合理的规划和布局也是非常重要的，需要发展和壮大当地的特色农产品，并积极引进新的农产品，以促进产品的多样化。

11.2.6 鼓励菜农积极参与农业保险

随着大棚规模的不断扩大，大棚收入在农户总收入中所占比重不断上升，但由于不可避免的外部环境因素的不利影响，大棚种植户的风险逐渐增加。在此背景下，农业保险成为大棚种植户寻求减少损失的重要途径。因此，政府相关部门应该致力于普及农业保险知识并加大农业保险宣传的力度，以减少农业种植风险并提高种植户的积极性。为了更好地推动农业

保险在大棚种植业中的发展，政府相关部门应该针对大棚种植业的特点，制定更加优惠的农业保险政策。首先，政府可以出台政策鼓励农民购买农业保险，例如给予一定的财政补贴或税收减免，降低农民的购买成本。其次，政府可以加大农业保险宣传力度，帮助农民更好地了解农业保险的基本知识和保险产品，提高其保险意识和保险认知水平。此外，政府还可以通过提高理赔率和保险赔偿额度等方式，为大棚种植户提供更加可靠的保障，减少其因自然灾害等因素造成的损失。

参考文献

[1] ASGHARIPOUR M R, AMIRI Z, CAMPBELL D E. Evaluation of the sustainability of four greenhouse vegetable production ecosystems based on an analysis of emergy and social characteristics [J]. Ecological Modelling, 2020 (424): 109021.

[2] BROWN M T, CAMPBELL D E, De VILBISS C, et al. The geobiosphere emergy baseline: a synthesis [J]. Ecological Modelling, 2016 (339): 92-95.

[3] BROWN M T, ULGIATI S. Emergy evaluation of the biosphere and natural capital [J]. Ambio, 1999, 28 (6): 486-493.

[4] CHEN G Q, JIANG M M, CHEN B, et al. Emergy analysis of Chinese agriculture [J]. Agriculture, Ecosystems & Environment, 2006, 115 (1/2/3/4): 161-173.

[5] CHEN Y, ZHANG X, YANG X, et al. Emergy evaluation and economic analysis of compound fertilizer production: a case study from China [J]. Journal of Cleaner Production, 2020 (260): 121095.

[6] DALSGAARD J P T, LIGHTFOOT C, CHRISTENSEN V. Towards quantification of ecological sustainability in farming systems analysis [J]. Ecological Engineering, 1995, 4 (3): 181-189.

[7] GREEN S M, WATSON R, Green S M, et al. Nutritional screening and assessment tools for older adults: literature review [J]. Journal of Advanced

nursing, 2006, 54 (4): 477-490.

[8] GUSTAVSON K R, LONERGAN S C, RUITENBEEK H J. Selection and modeling of sustainable development indicators: a case study of the Fraser River Basin, British Columbia [J]. Ecological Economics, 1999, 28 (1): 117-132.

[9] HANSEN J W, JONES J W. A systems framework for characterizing farm sustainability [J]. Agricultural Systems, 1996, 51 (2): 185-201.

[10] HOLBEN D H, BARNETT M A, HOLCOMB J P. Food insecurity is associated with health status of older adults participating in the commodity supplemental food program in a Rural Appalachian Ohio County [J]. Journal of Hunger & Environmental Nutrition, 2007, 1 (2): 89-99.

[11] HOUSHYAR E, WU X F, CHEN G Q. Sustainability of wheat and maize production in the warm climate of southwestern Iran: an emergy analysis [J]. Journal of Cleaner Production, 2018 (172): 2246-2255.

[12] HU H, ZHANG X, LIN L. The interactions between China's economic growth, energy production and consumption and the related air emissions during 2000-2011 [J]. Ecological Indicators, 2014 (46): 38-51.

[13] JIANG M M, ZHOU J B, CHEN B, et al. Ecological evaluation of Beijing economy based on emergy indices [J]. Communications in Nonlinear Science and Numerical Simulation, 2009, 14 (5): 2482-2494.

[14] JR W S W A. Understanding food insecurity in the elderly: a conceptual framework [J]. Journal of Nutrition Education, 1996, 28 (2): 92-100.

[15] KRUSEMAN G, RUBEN R, KUYVENHOVEN A, et al. Analytical framework for disentangling the concept of sustainable land use [J]. Agricultural Systems, 1996, 50 (2): 191-207.

[16] LEWANDOWSKA-CZARNECKA A, BULLER L S, NIENARTOWICZ A, et al. Energy and emergy analysis for assessing changes in Polish agricul-

ture since the accession to the European Union [J]. Ecological Modelling, 2019 (412): 108819.

[17] LICHTENSTEIN A H, RASMUSSEN H, et al. Modified my pyramid for older adults [J]. The Journal of Nutrition, 2008, 138 (1): 5-11.

[18] MLÁDEK J, cUPEL'OVÁ K. Population processes and structures in the urban and rural spaces of Slovakia [J]. European Countryside, 2010, 2 (2): 72-93.

[19] ODUM H T, BROWN M T, BRANDT-WILLIAMS S. Handbook of emergy evaluation [M]. Gainesville: Center for Environmental Policy, 2000.

[20] ODUM H T. Environmental accounting: emergy and environmental decision making [M]. New York: John Wiley and Sons, 1996.

[21] ODUM H T. Self-organization, transformity, and information [J]. Science, 1988, 242 (4882): 1132-1139.

[22] PRANEETVATAKUL S, JANEKARNKIJ P, POTCHANASIN C, et al. Assessing the sustainability of agriculture: a case of Mae Chaem Catchment, northern Thailand [J]. Environment International, 2001, 27 (2): 103-109.

[23] RASUL G, THAPA G B. Sustainability of ecological and conventional agricultural systems in Bangladesh: an assessment based on environmental, economic and social perspectives [J]. Agricultural Systems, 2004, 79 (3): 327-351.

[24] SATTLER E L P, LEE J S. Persistent food insecurity is associated with higher levels of cost-related medication nonadherence in low-income older adults [J]. Journal of Nutrition in Gerontology and Geriatrics, 2013, 32 (1): 41-58.

[25] SMAILES P, GRIFFIN T, ARGENT N. Demographic change, differential ageing, and public policy in rural and regional Australia: a three-state case study [J]. Geographical Research, 2014, 52 (3): 229-249.

[26] STEINBORN W, SVIREZHEV Y. Entropy as an indicator of sustainability in agro-ecosystems: North Germany case study [J]. Ecological Modelling, 2000, 133 (3): 247-257.

[27] STOORVOGEL J J, ANTLE J M, CRISSMAN C C, et al. The tradeoff analysis model: integrated bio-physical and economic modeling of agricultural production systems [J]. Agricultural Systems, 2004, 80 (1): 43-66.

[28] ULGIATI S, ASCIONE M, ZUCARO A, et al. Emergy-based complexity measures in natural and social systems [J]. Ecological Indicators, 2011, 11 (5): 1185-1190.

[29] ULGIATI S, ODUM H T, BASTIANONI S. Emergy use, environmental loading and sustainability an emergy analysis of Italy [J]. Ecological modelling, 1994, 73 (3/4): 215-268.

[30] VAN DER WERF H M G, PETIT J. Evaluation of the environmental impact of agriculture at the farm level: a comparison and analysis of 12 indicator-based methods [J]. Agriculture, ecosystems & environment, 2002, 93 (1): 131-145.

[31] VAN DER WERF H M G. Agroecosystems analysis [J]. Agricultural Systems, 2005, 83 (3): 334-336.

[32] VILLAREAL D T, APOVIAN C M, KUSHNER R F, et al. Obesity in older adults: technical review and position statement of the American Society for Nutrition and NAASO, the obesity society [J]. Obesity, 2005, 13 (11): 1849-1863.

[33] WANG Y, CAI Y, LIU G, et al. Evaluation of sustainable crop production from an ecological perspective based emergy analysis: a case of China's provinces [J]. Journal of Cleaner Production, 2021 (313): 127912.

[34] YANG Z F, JIANG M M, CHEN B, et al. Solar emergy evaluation for Chinese economy [J]. Energy Policy, 2010, 38 (2): 875-886.

［35］ YI T, XIANG P. Emergy analysis of paddy farming in Hunan Province, China: a new perspective on sustainable development of agriculture [J]. Journal of Integrative Agriculture, 2016, 15 (10): 2426-2436.

［36］ ZHANG L X, SONG B, CHEN B. Emergy-based analysis of four farming systems: insight into agricultural diversification in rural China [J]. Journal of Cleaner Production, 2012 (28): 33-44.

［37］ ZHANG X, HU H, HAN J, et al. Several novel indicators being applied to analyze the relationships between Chinese economic growth, energy consumption and its impact of emissions [J]. Ecological Indicators, 2012, 15 (1): 52-62.

［38］ ZHAO H, ZHAI X, GUO L, et al. Comparing protected cucumber and field cucumber production systems in China based on emergy analysis [J]. Journal of Cleaner Production, 2019 (236): 117648.

［39］ 曾通刚，赵媛，许昕．中国人口高龄化空间格局演化及影响因素研究［J］．地理与地理信息科学，2017（6）：72-79.

［40］ 曾毅．中国人口老龄化的二高三大特征及对策探讨［J］．人口与经济，2001（5）：3-9.

［41］ 陈宏伟，穆月英，沈辰．北京市农户蔬菜投入产出特征调查分析［J］．中国蔬菜，2020（5）：65-69.

［42］ 陈双双，张晓青，黄彩虹．饮食结构对中国老年人健康状况的影响研究［J］．山东师范大学学报（自然科学版），2016（3）：84-88.

［43］ 仇方道，汤茜．基于熵值法的徐州市农业可持续发展评价研究［J］．徐州师范大学学报（自然科学版），2005（2）：74-78.

［44］ 代振娜．关于丘陵地区现代特色农业发展的思考：以三门峡渑池县为例［J］．河南教育（高教），2016，138（10）：8-9.

［45］ 邓健，赵发珠，韩新辉，等．黄土高原典型流域种植业发展模式的能值分析［J］．应用生态学报，2016，27（5）：1576-1584.

[46] 杜鹏，王武林．论人口老龄化程度城乡差异的转变［J］．人口研究，2010（2）：3-10.

[47] 杜鹏，徐中民．甘肃生态经济系统的能值分析及其可持续性评估［J］．地球科学进展，2006（9）：982-988.

[48] 段鹏．我国人口数量及老龄化趋势预测研究［J］．长江大学学报（自然科学版），2012，9（12）：13-16.

[49] 冯猷，李瑾，郭美荣．基于节水的北京设施蔬菜生产效率及其对策研究［J］．中国蔬菜，2017（1）：55-60.

[50] 付伟，蒋芳玲，刘洪文，等．沛县蔬菜生态系统能值分析［J］．中国生态农业学报，2011，19（4）：940-946.

[51] 顾鉴塘．高龄老人烟酒习惯与健康长寿关系探索［J］．中国人口科学，2001（S1）：78-82.

[52] 郭媛媛．人口老龄化视野下农村老年人生活状况的调研报告［D］．合肥：安徽大学，2012.

[53] 韩增林，胡伟，钟敬秋，等．基于能值分析的中国海洋生态经济可持续发展评价［J］．生态学报，2017，37（8）：2563-2574.

[54] 胡秋红，张力小，王长波．两种典型养鸡模式的能值分析［J］．生态学报，2011，31（23）：242-249.

[55] 贾丽萍．欠发达地区农村养老保障制度的重建［D］．长春：吉林大学，2008.

[56] 姜向群，魏蒙，张文娟．中国老年人口的健康状况及影响因素研究［J］．人口学刊，2015（2）：46-56.

[57] 焦士兴，崔思静，王安周，等．基于能值理论的河南省农业生态系统评价［J］．地域研究与开发，2021，40（2）：135-139.

[58] 敬艳辉，邢留伟．通径分析及其应用［J］．统计教育，2006（2）：24-26.

[59] 蓝盛芳，钦佩．生态经济系统能值分析［M］．北京：化学工业

出版社，2002.

［60］李崇光，包玉泽．我国蔬菜产业发展面临的新问题与对策［J］．中国蔬菜，2010（15）：1-5.

［61］李红兵，周新，曾洁，等．基于DEA模型的绿色农业生态补偿绩效评价研究：以西安市蓝田县某村落整治项目为例［J］．华中师范大学学报（自然科学版），2018，52（4）：532-537.

［62］李华．生态农业发展机制与绩效评价研究［D］．福州：福州大学，2015.

［63］李静静．四川省生态农业建设的绩效评价研究［D］．成都：四川农业大学，2011.

［64］李中明，沈军，王仲，等．北京市日光温室与塑料大棚生产效益分析［J］．中国蔬菜，2011（Z1）：13-19.

［65］刘浩，王青，宋阳，等．基于能值分析的区域循环经济研究：以辽宁省为例［J］．资源科学，2008（2）：192-198.

［66］刘弘，郭红卫，高围溦，等．上海市老年人饮食行为及影响因素［J］．中国慢性病预防与控制，2007（1）：16-19.

［67］刘淼，胡远满，常禹，等．四川省汶川县生态经济系统能值分析［J］．生态学杂志，2008（11）：1997-2001.

［68］刘涛．对我国老年人饮食与健康问题的研究［J］．玉林师范学院学报（自然科学版），2008（3）：152-156.

［69］刘文，焦佩．国际视野中的积极老龄化研究［J］．中山大学学报（社会科学版），2015（1）：167-180.

［70］卢文曦，崔永红，黄佩．杨凌大棚西红柿的种植效益分析［J］．广东农业科学，2011，38（17）：175-176.

［71］鲁春阳，文枫，杨庆媛．城市土地利用结构影响因素的通径分析：以重庆市为例［J］．地理科学，2012，32（8）：936-943.

［72］陆宏芳，蓝盛芳，李雷，等．评价系统可持续发展能力的能值

指标［J］. 中国环境科学，2002，22（4）：380-384.

［73］骆世明. 农业生态学［M］. 北京：中国农业出版社，2002.

［74］马世昌，吴晓磊. 安徽省农业生态经济系统能值分析［J］. 中国农业资源与区划，2019，40（12）：101-107.

［75］穆光宗，张团. 我国人口老龄化的发展趋势及其战略应对［J］. 华中师范大学学报（人文社会科学版），2011（5）：29-36.

［76］潘大丰，李群. 神经网络多指标综合评价方法研究［J］. 农业系统科学与综合研究，1999（2）：105-107.

［77］庞绪成，辛志刚，侯广顺，等. 河南嵩县东湾金矿田地质特征及找矿远景［J］. 地质与勘探，2011（5）：765-771.

［78］乔丹，魏芳，石宇，等. 保定市农村老年人饮食行为习惯与虚弱的关系［J］. 中华疾病控制杂志，2016（6）：640-641，646.

［79］曲海波. 中国人口老龄化问题研究［M］. 长春：吉林大学出版社，1990.

［80］任钇蒙. 河南省种植业生态系统能值分析［D］. 长沙：中南林业科技大学，2015.

［81］石玫珑. “一带一路”背景下河南蔬菜国际贸易发展及成因研究［J］. 中国瓜菜，2019，32（9）：70-75.

［82］孙路. 临潼区两种循环农业生产模式能流、能值及经济效益分析［D］. 咸阳：西北农林科技大学，2015.

［83］唐钧，刘蔚玮. 中国老龄化发展的进程和认识误区［J］. 北京工业大学学报（社会科学版），2018（4）：8-18.

［84］童玉芬，李玉梅，刘传奇. 我国城镇化进程中的城乡人口老龄化趋势及政策启示［J］. 人口与经济，2014（6）：12-21.

［85］万莎. 收入不平等、医疗保险与老年人健康［J］. 山西财经大学学报，2015（6）：1-11.

［86］王爱华. 新时期农村人口老龄化的困境与出路：基于城镇化视

角的再审视［J］. 经济问题探索，2012（12）：91-96.

［87］王海鸥. 山东省老年人与全国老年人体质状况比较分析［J］. 山东师范大学学报（自然科学版），2002（3）：102-104.

［88］王宁. 基于多元线性回归模型的山东省经济增长影响因素研究［J］. 现代商业，2018，489（8）：68-70.

［89］王肖芳. 河南省生态农业效益及协调发展水平评价［J］. 安徽农业科学，2011，39（11）：6717-6719.

［90］王小龙，韩玉，陈源泉，等. 基于能值分析的无公害设施蔬菜生产系统效率和可持续性评价［J］. 生态学报，2015，35（7）：2136-2145.

［91］王晓燕，王俊杰，王松梅，等. 农业适度规模经营的实现方式研究：以河南省扶沟县为例［J］. 吉林农业，2015（6）：43-44.

［92］王燕，徐佳蔚，朱隆静，等. 温州地区蔬菜生产效益及其影响因素研究［J］. 长江蔬菜，2011（2）：71-74.

［93］魏奋子. 河西走廊地区绿洲农业生态系统的能值分析［J］. 甘肃理论学刊，2012，30（1）：85-89.

［94］温勇，宗占红，舒星宇，等. 中老年人的健康状况、健康服务的需求与提供：据中西部5省12县调查数据的分析［J］. 人口研究，2014（5）：72-86.

［95］闻大中. 农业生态系统能流的研究方法：二［J］. 农村生态环境，1986（1）：52-56.

［96］闻大中. 农业生态系统能流的研究方法：三［J］. 农村生态环境，1986（2）：48-51.

［97］闻大中. 农业生态系统能流的研究方法：一［J］. 农村生态环境，1985（4）：47-52.

［98］吴德清，战捷. 高龄老人饮食与其健康的关系研究［J］. 中国人口科学，2001（S1）：83-88.

[99] 吴非．基于能值的中国大豆供给可持续性研究［D］．上海：上海交通大学，2019.

［100］吴贵林．基于能值的四川省种植业系统可持续性研究［D］．成都：四川农业大学，2016.

［101］吴文秾．我国蔬菜生产成本、效益及其影响因素分析［J］．长江蔬菜，2015（12）：53-56.

［102］夏春萍，刘文清．蔬菜生产效益及其影响因素的实证研究：以湖北省黄梅县小池口镇为例［J］．统计与决策，2012（12）：113-116.

［103］徐建华．计量地理学［M］．北京：高等教育出版社，2006.

［104］徐雷．人口老龄化背景下的城乡居民医疗卫生支出问题研究［D］．湘潭：湘潭大学，2016.

［105］颜芳，徐武林，张茂镕，等．2014 年昆明市老年人饮食习惯与膳食结构调查［J］．预防医学论坛，2017（2）：93-96，99.

［106］杨灿，朱玉林，李明杰．洞庭湖平原区农业生态系统的能值分析与可持续发展［J］．经济地理，2014，34（12）：161-166.

［107］杨光辉．中国人口老龄化与产业结构调整的统计研究［D］．厦门：厦门大学，2006.

［108］杨瀚驰．城市近郊蔬菜生产费用投入与效益影响因素分析［J］．湖北农业科学，2019，58（23）：231-235.

［109］杨清哲．人口老龄化背景下中国农村老年人养老保障问题研究［D］．长春：吉林大学，2013.

［110］杨万江．安全农产品生产经济效益研究［D］．杭州：浙江大学，2006.

［111］杨延敏，王广斌．我国农村人口老龄化问题研究［J］．山西农经，2018（2）：1-3.

［112］于文静．确保“菜篮子”拎得稳：我国加强重要农产品生产供应［N］．新华每日电讯，2022-11-27（1）．

［113］俞守华，区晶莹，刘智华．基于 DEA 方法的广东农业可持续发展能力评价［J］．农业系统科学与综合研究，2004（1）：56-59.

［114］喻锋，李晓波，王宏，等．基于能值分析和生态用地分类的中国生态系统生产总值核算研究［J］．生态学报，2016，36（6）：1663-1675.

［115］袁聪颖．陕西省农村老年人健康状况及其影响因素研究［D］．咸阳：西北农林科技大学，2017.

［116］原新，刘厚莲．中国人口红利真的结束了吗？［J］．人口与经济，2014（6）：35-43.

［117］原新，王海宁，陈媛媛．大城市外来人口迁移行为影响因素分析［J］．人口学刊，2011（1）：59-66.

［118］翟胜，王巨媛，张二勋，等．农业生态系统可持续性评价研究进展［J］．地域研究与开发，2010，29（1）：124-129.

［119］张斌．物元模型及其在农业中的应用［J］．农业系统科学与综合研究，1997（4）：295-298.

［120］张超，李丁，张洁，等．基于主成分分析的西北地区城市竞争力评价与演变研究［J］．干旱区资源与环境，2015（6）：8-13.

［121］张欢，江金启，张广胜．农村老年人农业劳动供给潜力测算：基于健康与劳动参与关系的 Cutler 方法［J］．农业技术经济，2018（3）：28-40.

［122］张琳，李全新．基于 DEA 模型河北省冀中南设施蔬菜生产效率研究［J］．北方园艺，2022（11）：129-134.

［123］张琳，李全新．设施蔬菜绿色生产技术采纳影响因素与经济效益研究：以河北省定兴县为例［J］．中国农业资源与区划，2023，44（3）：96-108.

［124］张瑞涛，王俊芹，周明明．基于 DEA 的河北省蔬菜产业投入产出效率实证研究［J］．北方园艺，2016（8）：185-187.

[125] 张霞，张纪涛．山西省设施蔬菜投入产出的调查分析 [J]．科技情报开发与经济，2013，23 (11)：133-136.

[126] 张尹君杰．农村居民家庭营养素摄取量的影响因素研究 [D]．上海：上海交通大学，2010.

[127] 张英云．寿光市农业生态系统能值投入结构的研究 [D]．沈阳：沈阳农业大学，2020.

[128] 张永杰．基于能值分析的定西市农田生态系统可持续发展评价 [D]．兰州：甘肃农业大学，2016.

[129] 张震，刘学瑜．我国设施农业发展现状与对策 [J]．农业经济问题，2015，36 (5)：64-70.

[130] 赵文华．我国老年人饮食行为及影响因素研究 [A] //中国营养学会第九次全国营养学术会议项目总结论文集 [C]．北京：中国疾病预防控制中心达能营养中心，2003.

[131] 赵玉领，苏强，吴克宁，等．河南嵩县土地整理的数量质量潜力 [J]．农业工程学报，2008 (9)：73-78，314.

[132] 郑纯辉，赵杰．农业复合生态系统理论与评价方法 [J]．安徽农业科学，2007，12 (6)：1763-1765.

[133] 周海川．基于能值计算的循环农业发展个例分析 [J]．长江流域资源与环境，2012，21 (12)：1520-1527.

[134] 周建烈，黄珊，顾景范．美国“老年人膳食指南金字塔”简介 [J]．营养学报，2008 (3)：225-228，329.

[135] 周亚男，史宪睿，吕燕玲．基于 DEA 的农业产业化国家重点龙头企业绩效评价 [J]．辽宁工业大学学报（社会科学版），2017，19 (3)：34-38.

[136] 周颖，邱建军，尹昌斌，等．北方新型温室循环农业模式种植效益与发展对策研究：以徐水县“菜/果菌”连体温室模式为例 [J]．中国生态农业学报，2014，22 (1)：72-79.

［137］周子英，杨君．基于能值理论的长沙市农业生态经济系统演替分析［J］．农业现代化研究，2011，21（4）：465-469.

［138］朱勤．城镇化对中国城乡人口老龄化影响的量化分析［J］．中国人口科学，2014，164（5）：24-35，126.

［139］邹鹏．万媛华：蔬菜大棚圆了脱贫梦［J］．致富天地，2020（5）：2.

［140］邹湘江，吴丹．人口流动对农村人口老龄化的影响研究：基于“五普”和“六普”数据分析［J］．人口学刊，2013，4（35）：70-79.

附　录

附录 1　农村家庭蔬菜饮食及庭院菜地种植情况调查问卷

河南省______市______县______乡、镇______村　　调查时间：________　　样本编号：________

请回答下列问题，请填入相应序号

1. 各月菜地菜荒程度（1=弱，2=较弱，3=一般，4=较强，5=强）												
月份	1	2	3	4	5	6	7	8	9	10	11	12
菜荒程度（1~5）												

请回答下列问题，请打“√”

2. 老年人针对菜荒时期的应对措施		强烈不赞同	不赞同	不确定	赞同	强烈赞同
A1	增加购买	□	□	□	□	□
A2	减少食用	□	□	□	□	□

请回答下列问题，请打“√”

3. 庭院菜地的作用		强烈不赞同	不赞同	不确定	赞同	强烈赞同
B1	保障蔬菜饮食	□	□	□	□	□
B2	活动身体	□	□	□	□	□
B3	提升个人价值	□	□	□	□	□
B4	丰富生活	□	□	□	□	□
B5	维护邻里关系	□	□	□	□	□

请回答下列问题，请打“√”

4. 老年人种植庭院菜地的动机		强烈不赞同	不赞同	不确定	赞同	强烈赞同
C1	节省开支	□	□	□	□	□
C2	提高收入	□	□	□	□	□
C3	方便食用	□	□	□	□	□
C4	安全健康	□	□	□	□	□
C5	利用闲置土地	□	□	□	□	□
C6	蔬菜饮食的重要性	□	□	□	□	□

请回答下列问题，请打“√”

5. 老年人种植庭院菜地的障碍		强烈不赞同	不赞同	不确定	赞同	强烈赞同
D1	生产资料购买不便	□	□	□	□	□
D2	生产资料价格过高	□	□	□	□	□
D3	菜地灌溉不便	□	□	□	□	□
D4	菜地距离远	□	□	□	□	□
D5	菜地面积小	□	□	□	□	□
D6	劳动时间长	□	□	□	□	□
D7	劳动强度高	□	□	□	□	□
D8	缺乏种植知识	□	□	□	□	□
D9	缺乏技术指导	□	□	□	□	□
D10	菜地未规划	□	□	□	□	□

请回答下列问题，请打“√”

6. 老年人的期望		强烈不赞同	不赞同	不确定	赞同	强烈赞同
E1	增加农用商店	□	□	□	□	□
E2	降低生产资料价格	□	□	□	□	□
E3	讲解种植知识	□	□	□	□	□
E4	给予技术指导	□	□	□	□	□
E5	完善灌溉系统	□	□	□	□	□
E6	提供销售平台	□	□	□	□	□
E7	合理规划菜地	□	□	□	□	□

7. 庭院菜地种植情况

（1）庭院菜地面积：________平方米

（2）种菜人数：________人

（3）菜地距离家庭：________米

（4）种菜人平均年龄：________岁

（5）菜地存在年数：________年

（6）菜地每年投入花费：化肥________元　农药________元

地膜________元　种子________元

（7）平均每周打理菜地时长：________小时/人

（8）菜地种植劳动强度：________（1=弱，2=较弱，3=一般，4=较强，5=强）

（9）是否拥有菜地围栏：(　　)

A. 是　　　　B. 否

（10）主要灌溉方式：(　　)

A. 水管接水　　　　B. 挑水运水　　　　C. 雨水

（11）化肥使用占比：________（%）

（12）种植多样性：________

8. 各月食用蔬菜来自菜地的比例												
月份	1	2	3	4	5	6	7	8	9	10	11	12
比例/%												

9. 受访人及家庭情况

（1）受访人性别：(　　)

A. 男　　　　B. 女

（2）受访人年龄：(　　)

A. 51~55 岁　　　　B. 56~60 岁　　　　C. 61~65 岁

D. 66~70 岁　　　　E. 71 岁及以上

(3) 受访人家庭情况:

①户主性别:(　　)

A. 男　　B. 女

②户主年龄:(　　)

③是否和子女居住:(　　)

A. 是　　B. 否

④实际居住人口:________

⑤60 岁以上人口:________

(4) 家庭收入的主要来源:(　　)

A. 农业收入　　B. 养老金　　C. 最低生活保障金

D. 子女补贴　　E. 其他

(5) 家庭近三年平均年收入:(　　)

A. 0.3 万元以下　　B. 0.3 万~0.6 万元　　C. 0.6 万~1 万元

D. 1 万~2 万元　　E. 2 万~3 万元　　F. 3 万元以上

10. 问卷有效性调查

(1) 问卷里的内容您能够理解多少?(　　)

A. 完全不理解　　B. 部分理解　　C. 完全理解

(2) 您觉得此次调查是否有意义?(　　)

A. 没有意义　　B. 有意义　　C. 不清楚

(3) 您在回答问卷时是否受到旁人影响?(　　)

A. 受到旁人影响　　B. 没有受到旁人影响

附录2　城郊经济型大棚蔬菜种植情况调查问卷

河南省________市________县________乡、镇________村

调查时间：________　编号：__________

1. 个人与家庭特征信息

（1）菜农姓名：（　　　　）　性别：（　　）年龄：（　　）从事农业活动年限：（　　）受教育水平：（　　）

（2）家庭年均收入：________

（3）家庭实际居住人口数：（　　）

家中小于15岁或大于65岁人口数：（　　）

（4）菜农身体素质：________

（1=患病，身体素质差；2=患有慢性病，身体条件不佳；3=健康，但身体素质不佳；4=健康；5=健康，且体质良好）

（5）大棚日均劳动时长：________　大棚劳作强度：□强　□较强　□一般　□较弱　□弱

2. 大棚种植特征信息

（1）大棚面积：________（平方米/亩）

一年之中大棚耕作时间：________（月或天）

（2）从事大棚种植的人口数：________人

（3）大棚菜地与住宅之间距离：________米

大棚到城镇距离：__________米

（4）大棚每年收益：________万元

大棚每年净利润：________万元

（5）建设大棚的固定投入：________万元

大棚每年经济投入：________万元

（6）大棚中农药投入金额：________元　大棚中雇用劳力金额：______元　单价：________元/天

大棚中化肥投入金额：________元　大棚中农膜投入金额：________元

大棚中种子投入金额：________元　大棚中灌溉水投入金额：________元

大棚中有机肥投入金额：________元　农家肥施用比例：________%

（7）大棚浇灌频率：________　□一周三次及以上　□一周两次　□一周一次　□两周一次

平均每次浇灌时间及用水量：________分/________吨

（8）大棚蔬菜种植障碍（1=强烈不赞同，2=不赞同，3=一般，4=赞同，5=强烈赞同）

大棚种植品种结构不合理（　　）　缺乏大棚管理技术（　　）　自然灾害（　　）

3. 大棚生产能值信息调查表

种类	指标																		
	播种时间	收获时间	种植面积/平方米	投入化肥量	投入农药量	投入农膜量	投入有机肥量	日均劳作时间	种子来源及成本	投入资金/元	产量/千克	售卖数量/千克	出售方式及比例	菜损比/%	市场单价	灌溉频率	单次灌溉用水量	种植原因	不种植原因
F1																			
F2																			
F3																			
F4																			

注：种植原因：1——市场销售情况较好；2——产量高；3——易于管理；4——市场价格高；5——生产周期较短；6——生产成本较低；7——作物对气候的要求低。

不种植原因：1——种植条件较差；2——市场销售情况差；3——产量太低；4——不易储存；5——生产周期较长，回报慢。

出售方式：1——采摘园；2——固定商贩采购；3——农贸市场；4——零售；5——蔬菜水果超市；6——网络销售；7——合作社统一销售；8——其他。